投资脑 和 打工脑

金持ち脳でトクする人 貧乏脳でソンする人

[日]世野一生／著

周艳红／译

KANEMOCHI NOU DE TOKU SURU HITO BINBOU NOU DE SON SURU HITO
Copyright © 2016 by Issei SEYA
All rights reserved.
First published in Japan in 2016 by PHP Institute, Inc., Japan.
Simplified Chinese translation rights arranged with PHP Institute, Inc.
through East West Culture & Media Co., Ltd.
编集協力：柴田恵理

版权所有，翻印必究。
北京市版权局著作权合同登记号：图字 01-2024-1989 号

图书在版编目（CIP）数据

投资脑和打工脑 /（日）世野一生著；周艳红译 . 北京：华夏出版社有限公司, 2025. -- ISBN 978-7-5222-0896-1

Ⅰ . F830.59-49

中国国家版本馆 CIP 数据核字第 2025NW4216 号

投资脑和打工脑

作　　者	［日］世野一生
译　　者	周艳红
责任编辑	赵　楠
出版发行	华夏出版社有限公司
经　　销	新华书店
印　　装	三河市万龙印装有限公司
版　　次	2025 年 5 月北京第 1 版　2025 年 5 月北京第 1 次印刷
开　　本	880×1230　1/32 开
印　　张	7
字　　数	120 千字
定　　价	59.80 元

华夏出版社有限公司 网址：www.hxph.com.cn 电话：（010）64663331（转）
地址：北京市东直门外香河园北里 4 号 邮编：100028
若发现本版图书有印装质量问题，请与我社营销中心联系调换。

前言

大家好，我叫世野一生。

我是一名投资家，常年往来于美国和日本等诸国之间，每年通过投资，可以"不劳而获"，得到3亿日元收益。

1992年，我第一次去美国。

在还有10天就能拿到大学毕业证之时，我却选择了退学，毅然办理了相关手续。我之所以这么做，是因为认识到这样一个事实，"大学里学到的知识，在现实社会中发生问题时起不到一丁点儿的作用"。

在后面我会详述，在大学期间我曾陷入债务危机，背负了高达1900万日元的巨额债务。虽然我想方设法偿还了这笔债务，但是在解决这次危机的过程中，我在学校学到的知识却没有给我任何"有益"的帮助。

因此，我递交了退学申请。我是这样想的："这样混到毕业也毫无意义，与其如此，不如到社会上闯荡一番，学些有用的知识。而且放眼望去，我所在的大学里都是一些庸庸碌碌的家伙，他们对大学所学没任何异议，也都能混到毕业。我中途退学，以后跟他们比比看，到底谁更成功！"

于是，我申请了退学，并且痛下决心，"既然如此，就到世界经济第一的国家闯荡看看"，于是半是负气地来到了美国。

就这样，我孤身一人来到美国，既没有熟人，也没有倚仗。但是，我在这里遇到了命中的"大贵人"。这个大贵人也是我的人生导师，他是犹太裔的美国大富豪。

这个人并非籍籍无名之辈。

我也是过后才知道，他不是那种"暴发户"，而是经过家族四代的积累，是"血统正宗的有钱人"，就是那种"真富豪"。

他的家族流传着各种各样的智慧，使财富能够世代继承。这一点跟日本有钱人的财富逐代递减不同，他的家族每一代在继承上一代财产时，财富都有所增加。这些智慧绝不是那些追逐眼前利益的"小聪明"，而是只有真富豪才能知晓的"对金钱的真知灼见"。

这些智慧，即获得财富的哲学，通过与这些富豪及他们的伙伴交往，就能自然而然地掌握。

我在学习这些智慧的过程中发现，富豪们拥有共同的脑回路，在本书中我称之为"富人的投资脑"。

在学习这些智慧之后，我的人生发生了巨大的改变。

"富人的投资脑"里装满了对于金钱的重要思考。许多日本人都没有接受过类似的金钱教育，我非常想让大家知道这些智慧。

假如你也多少想"改变自己的人生"，先来读读这本书吧。

从今天开始，你的思考方式将开始转变。

目录

序 曲 / 1

01. 真富豪的思考方式是什么？ ………………………… 2
02. 这不是一本教投资的书！ …………………………… 8

STEP 1

所谓"投资脑" / 17

01. **出口法则** ……………………………………………… 18
02. **黑羊法则** ……………………………………………… 23
03. **打破常识法则** ………………………………………… 27
04. **茶杯法则** ……………………………………………… 31

05. 先施后得法则 ·················· 35

06. 不强求法则 ···················· 38

07. 接受法则 ······················ 42

08. 塞翁失马法则 ·················· 46

09. 猴子模仿法则 ·················· 52

10. 还不错法则 ···················· 55

11. 改变环境的勇气法则 ············ 60

12. 浑水中的青蛙法则 ·············· 65

13. 不过分努力法则 ················ 69

14. 橡皮筋法则 ···················· 73

15. A 或者 B 之外，还有 C 选项法则 ··· 77

16. 男性脑和女性脑法则 ············ 81

$ STEP 2

打造"投资脑"，每天养成好习惯 / 85

17. 二·六·二法则 ················ 86

18. 信息质比量重要法则 ············ 90

19. 水阀法则 …………………………………… 96
20. 意识法则 …………………………………… 99
21. 你想要什么法则 ………………………… 105
22. 动物园的狮子法则 ……………………… 108
23. 时间成本法则 …………………………… 112
24. 四个目标法则 …………………………… 115
25. 超级明星法则 …………………………… 118
26. 电饭煲和保温箱法则 …………………… 121
27. 金融专家并非真正有钱人法则 ………… 125
28. "1/2×1/2 = 1/4"法则 …………………… 128
29. 把握流程法则 …………………………… 131
30. 狩猎和农耕法则 ………………………… 134
31. 双手捧水法则 …………………………… 137
32. 细菌繁殖法则 …………………………… 139
33. 金钱流动法则 …………………………… 143
34. 自然流向法则 …………………………… 146
35. 假设法则 ………………………………… 149
36. 无用之用法则 …………………………… 151
37. 购买消费品法则 ………………………… 153
38. 硬件·软件·资金法则 ………………… 156

39. **国王和剑**法则⋯⋯⋯⋯⋯⋯⋯⋯⋯⋯⋯⋯⋯⋯160

40. **说出的愿望往往落空**法则⋯⋯⋯⋯⋯⋯⋯163

41. **与成功人士见面**法则⋯⋯⋯⋯⋯⋯⋯⋯⋯166

今后都不为金钱所困！
"投资脑"的思考方式 / 169

42. **认识有钱人**法则⋯⋯⋯⋯⋯⋯⋯⋯⋯⋯⋯170

43. **现金最不值钱**法则⋯⋯⋯⋯⋯⋯⋯⋯⋯⋯174

44. **重要瞬间**法则⋯⋯⋯⋯⋯⋯⋯⋯⋯⋯⋯⋯177

45. **先吃喜欢的食物**法则⋯⋯⋯⋯⋯⋯⋯⋯⋯180

46. **异想天开的事更容易成功**法则⋯⋯⋯⋯⋯183

47. **二把手**法则⋯⋯⋯⋯⋯⋯⋯⋯⋯⋯⋯⋯⋯185

48. **配角**法则⋯⋯⋯⋯⋯⋯⋯⋯⋯⋯⋯⋯⋯⋯187

49. **人往高处走**法则⋯⋯⋯⋯⋯⋯⋯⋯⋯⋯⋯189

50. **一万日元的价值**法则⋯⋯⋯⋯⋯⋯⋯⋯⋯193

51. **角色扮演游戏**法则⋯⋯⋯⋯⋯⋯⋯⋯⋯⋯196

52. **敌对立场**法则 …………………………………… 199

53. **背上的灰**法则 …………………………………… 201

54. **行动派**法则 ……………………………………… 204

55. **镜子**法则 ………………………………………… 207

后 记 / 209

序 曲

首先问大家一个问题:
你想工作一辈子吗?

01 真富豪的思考方式是什么？

虽然话题有点突兀，但我还是想问问读者：

你想工作一辈子吗？

对那些回答"工作到60岁退休"的人，我要再问一个问题：

你退休后的收入来源是什么？

在这个世界上，能赚钱的"资本"只有两种，一种是**劳动资本**，另一种是**金融资本**。

运用劳动资本的人依靠自己的劳动力来赚钱。

工薪阶层正是运用劳动资本来谋生的代表。运用劳动资本谋生者的金字塔顶端是企业的领导者或决策者。

也就是说，只要努力工作，就能赚到钱。但反过来说，假如不工作，就一分钱都拿不到。所以，如果只靠**劳动资本赚钱，就必须一辈子工作**。

我把这种思考方式称为"**打工脑**"，它与"**投资脑**"正好相反。"打工脑"的人靠劳动资本赚钱，而劳动有明显的年龄限制。他们终其一生都在工作，亲力亲为，不得停歇，十分辛苦，并且一旦不工作就没有收入。可以说"打工脑"的人就是这种宿命，即"**劳动寿命 = 收入寿命**"。

而所谓运用金融资本的人，用个极端的比喻——"**即使自己躺平不工作，也有钱自动进账**"，也就是能"**让钱生钱**"。

"**投资脑**"的人正是用这种方式来思考的。

日本有一些所谓的"有钱人"，他们大多是一些工作收入高的人，只不过是"工资高"，是通过工作得到丰厚报酬的有钱人。

而真正的有钱人是那些富有资产的人。真富豪即使不工作，其持有的资产也能"**钱生钱**"。他们的思考方式就是"**投资脑**"。

我们经常会听到"一些人摆脱工薪阶层的身份，自己去创业"。但是想想看，他们为什么要辞掉工作呢？通过在公司任职或做公务员好不容易攒了点钱，又全部投资去创业，是为了继续成为一个亲力亲为的劳动者吗？

"摆脱工薪阶层的身份"是"打工脑"的思考方式。

因为即使你不辞职，照样也可以创业。

比如，你完全可以一边继续自己的工作拿着工资，一边作为新店的投资者，雇用一个店长帮你经营店铺。这才是"投资脑"应有的做法。

按照这个脑回路，即使你没有医师资格证也可以开医院，即使没有美容专业技术也可以开美容院，即使没有去饭馆当学徒也能开拉面店。

在日本，几乎都是拥有美容师资格证的人开美容院，持有厨师资格证的人开饮食店。他们既是投资者，又是经营者，还是从业人员，甚至有时候自己还是工作主力，一旦他们不在，整个店铺就没法营业。

不过说到底，这种劳心劳力的经营方式，还是"打工脑"的经营方式。

我认为有钱人的定义应该是"经济上和精神上都富足，并拥有掌控自己未来能力的人"，也就是那些将自己的未来掌握在自己手中的人。

对于我前面的提问"你退休后的收入来源是什么？"，有些人仿佛被戳到痛处无法回答，还有些人回答"年金吧"，这些人都是我说的"打工脑"。

年金今后到底会如何，谁也说不清楚。支付额度也许会不断降低，也许将来完全拿不到，这些都有可能。年金正是我说的那种自己无能为力且无法掌控的东西。

人们真的能抓住年金这根稻草活下去吗？

自己的未来自己掌握。

为了实现这一点，投资家们的目标都很明确，那就是"**在年轻、有体力的时候拼命工作赚钱，上了年纪、体力衰退时成为投资家，守住赚到的资产**"。当然，这也是一种理想的状态。

人们在年轻时，有体力，却没有钱。

而上了年纪时，没有体力，却有钱。

我们只要利用好这个自然规律，趁着年富力强的时候将劳动资本转化成金融资本，就能实现财务自由。例如，如果问日本的小学生"有钱人都做些什么职业呀？"，他们大多回答"职业棒球选手""企业家"等。

但是，事实真是如此吗？

在日本，要想成为有钱人，并不是创业并成为企业家就能做到的。

比起企业家，成为工薪阶层或者公务员也许更合适。

假如在拥有现有知识的状态下，让我重返十几岁重启人生，我会首选成为工薪阶层或公务员。因为工薪阶层和公务员，最容易从银行获得融资，获批贷款。因此，在日本，工薪阶层和公务员很容易买到不动产，因为在金融征信力和稳定性上，他们比起其他职业人士具有压倒性优势。相反，私营业主或创业的经营者则很难从银行获批贷款。他们去租借房屋或者申领信用卡时，也许连资格审查都不易通过。

顺便提一下，我在美国住了几年后，曾一度想在日本租借一间高级公寓，却根本就租不到。即使我提高筹码"预交一年的房租"，也没人借给我。也就是说，不管你有多少现金都没有意义。因为在日本，如果没有固定职业担保，就相当于没有征信。

所以，假如在拥有现有知识的状态下，让我重返十几岁重启人生，我会选择成为工薪阶层或公务员。首先在日本购买投资用的不动产，利用这些投资收益先赚钱，赚到钱后再投资成为商业主体老板。

最终，我会把这些商业资产全部卖掉，在手头积攒了一定的资金后，去海外购买不动产（比如我就在美国购入了不动产），并守住自己的资产，将来让自己的子孙顺利继承。

如果你已经是工薪阶层或公务员，却在烦恼存不了钱，那只不过是因为你"不知道如何存钱"罢了。只要你了解了存钱的方法，并改变了自己的思考方式，自然而然地就能存到钱。

迄今为止，我向很多人传授了"投资脑"的思考方式。而那些忠实执行了"投资脑"思考方式的人，都在三年半左右的时间将自己的资产增长了2.5~3倍。

在记住那些具体的实操技巧之前，请先请阅读本书，掌握"投资脑"的思考方式。

这个思考方式不但对投资有益，而且对工作、对体育运动、对任何事情都有益。我认为，是否用这个方法，是事业成功与否的决定因素之一。

02 这不是一本教投资的书!

首先我要声明,这本书并没有写具体的投资技巧。

这是一本学习投资家思考方式的书,有助于大家构建自己的"投资脑"。

话说,提起"投资"来,大家对投资会有什么样的印象呢?

众说纷纭。有的人说"有点像赌博"。

也有的人说"如果成功了收益巨大,如果失败了则损失惨烈"。

把大把的金钱一股脑儿地投进去,结果到底是"吉"还是"凶"呢?对投资,大家都有一种强烈的印象,那就是不管得失结果如何,都在焦虑等待。

可是,这些都不是"投资",是"投机"。

"想赚钱"就开始投资，这种想法其实大错特错。

假如你想在短时间内赚上一大笔钱，那么你要做的事并不是投资，而是要去创业做生意。

那么，为什么那么多想赚大钱的人都开始投资了呢？

我想那是因为大家对于"投资"有着错误的认知。

例如，在很远的地方立一个目标靶子，投掷飞镖。

对于投机来说，重要的是"飞镖如何能飞得更远"，也就是说飞得越远越好。

与此相反，投资最重要的是"飞镖如何能够接近靶心"，即使飞得再远，如果没有射中靶心也没有意义。

所谓投资，就是以"靶心"为目标，目的明确地投入金钱。

并且，思考如何接近"靶心"。

而所谓"投机"是没有"靶心"的，只要飞镖飞得越远越好，也就是说投机考虑的是如何能赚更多的钱。

我们一起思考一下。

例如，计划要赚1亿日元，有两种结果，一种是赚了5亿日元，另一种是赚了 9500 万日元。那么到底哪种结果更好呢？

大部分人会认为"本来想赚 1 亿日元，却赚了 5 亿日元，当然赚了 5 亿的好太多了呀"。

诚然，只考虑金额的话，赚到了 5 亿日元的看起来更加"成功"。

可是，我们投资家却不这样认为。

因为我们首先要考虑的是**"多大程度接近自己的预定目标"**。

5 亿日元和 9500 万日元，哪个更接近 1 亿日元的目标呢？

很明显，"9500 万日元"更接近。也就是说，"9500 万日元"的收益更接近自己的投资预期目标。

原本打算赚 1 亿日元，结果赚了 5 亿日元，跟自己当初设定的投资目标相差甚远。这一次很偶然"大赚"了 5 亿日元。但是，如果搞错了一步，说不定就要"血亏"5 亿日元。

投资家们最重视的是**"自己预期的结果"**。

再举一个例子吧。

假如我们眼前有两辆赛车。

一辆我们假定为 A 车，故障率为零，在过去 5 年期间没有发生过任何事故，比赛成绩优秀，每次都顺利到达终点。

而另一辆我们假定为 B 车，每次到补给点都会发生故障，每次都需要维修，就这样修了再跑、跑了再修。因此跟 A 车相比，它的成绩没那么优秀，不过每次也能顺利到达终点。

那么问题来了，如果让你选一辆赛车，并且要求只能从 A 车和 B 车当中选，你选哪一辆呢？

选好后我们进入下一个环节。

那么，你选了哪一辆车呢？

估计大多数人选了 A 车吧。

这当然是因为它是"优等生"，迄今为止没有发生过故障。大家都会认为 A 车没有发生过事故，没有故障，比赛成绩优秀，跟频发故障的 B 车相比，理所当然"优等生"A 车要好多了。

但是，如果让我选，我会选 B 车。

因为我从一开始就能够预知 B 车会发生故障的风险。

具体说起来，我清楚它"每次到补给点都会发生故障"这一特点。

可是，尽管如此，B 车每次都能顺利到达终点，说明其修理方法已被维修人员所熟知，因此每次维修人员都能快速地修好它。

可 A 车的情况就大不一样了。

确实，它迄今为止没有发生过故障，每场比赛都能顺利完成。但是今后并不一定也能如此顺利，而且无法保证 A 车一直保持无故障状态。

假如它在下一场比赛中发生了故障，又该怎么应对呢？如果不知道它具体哪里发生故障的话，又如何来修理呢？因为迄今为止它一次也没有坏过，维修人员不清楚 A 车的修理方法，等它发生故障时就不能立刻找到其有效的修理方法。并且，仅此一次故障就有可能成为其"致命伤"。

也就是说，A 车迄今为止没有发生过故障，导致大家不清楚它到底哪里存在未知的"风险"。

这对于投资家来说是大忌，是投资家们最想规避的风险。

投资家不是害怕风险，而是害怕"无法预知"的风险。

A 车就有这种"无法预知"的风险。今后 A 车到底什么时候、哪个部位会发生故障，一切都无法预知。

而B车确实是容易坏，但是我们事先可以预知，它每次到补给点会发生小故障，而维修人员能迅速找到故障部位并完成修理，使其恢复至比赛状态。因此，即使它发生故障也能迅速得到维修。

如上所述，"投资脑"首先考虑的是预知风险，其次是管控风险，尽量将风险降到最低。

投资家们不是考虑"如何能赚钱"，而是主要思考"如何降低风险"。

银行放贷款的偏好正如选择赛车。

选A车，就好像日本的银行偏好放贷给那些看起来"履历好"的公司。日本的银行倾向贷款给那些没有任何经营劣迹、不曾倒闭过的公司。因为银行一般认为"倒闭＝污点"。只要申请贷款的对象不是那种有名的大企业，哪怕这家企业现如今业绩和经营状态良好，只要它过去有过"倒闭"的污点，那么银行就不愿意放贷给它。失败等于"×"，银行给那些失败过的人，贴上了"不行"的标签。因此，就跟选赛车时一样，选择A车的人，都是因为只看它至今没发生过故障，认为它没有失败过。

而投资家们的想法不同。他们更愿意把钱借给那些失败过一次又能重整旗鼓的经营者。即使他们过去失败过，只要现在经营状况良好就没有问题。因为他们虽然经历过失败,却并没有被打败,经过修正轨道、改善经营策略后能够重整旗鼓。投资家们认为,正因为这类经营者经历过失败并克服了困难,所以日后的经营风险将随之降低。只有一次一次地战胜各种失败,才能脚踏实地一步一步地接近成功。

对于投资家来说,最重要的工作是,在到达目的地之前,消除中间过程中存在的各种风险。

因此,他们在选择赛车时会选 B 车。因为他们不会在意 B 车过去是否发生过故障,而是注重赛车的实际成绩。在这一点上,虽然 B 车经常发生故障,但每次都能被修理好,最终能够到达终点,且成绩良好。

大家可能对这种"投资脑"的思考方式有点不太适应,也许有时候还会感到讶异,"怎么会这样想呢"!

但是,这种思考方式在欧美诸国的成功人士中间相当普遍,可以说是"司空见惯"。因此,我们也可以在原有的基础上,再掌握一种"投资脑"的思考方式,学会从各种不同的角度判断事物,开发出自己的另一个大脑(第二大脑)。

当然,我绝不会强迫大家,说"不这样做不行!"或者"不按照这种方法做就不会顺利!"等这样的话。

要取得成功,从来就没有一种固定的正确方法。

如果迷信"必须怎样做""不许怎样做"等,过于拘泥于某些方式方法,哪怕机会就近在眼前,也容易视而不见、错失良机。

因此,这本书并不是教给你"必须这样做",而是告诉你,还有"这种思考方式"。大家权且将本书作为参考,一起阅读这本书吧。

哪怕只有"啊,原来如此!"这种感悟也很不错。

读者你的感悟,一定会产生一系列连锁反应,你的未来也将产生新的可能。

Step 1

所谓"投资脑"

假如可以窥探有钱人的
大脑内部的话……

01 出口法则

"打工脑"考虑"尽量往前走"

"投资脑"考虑"走到哪一步"

你在考虑事情时,是怎么进行思考的呢?

"现在是这种情况,我先这样做,然后那样做,最终变成这样的结果就好了",你大概都是按照从开始到结束的先后顺序来进行思考的吧。

那么,你考虑了开始的"入口",有没有考虑到结束的"出口"呢?

我第一次知道这个法则是在我25岁的时候。

我从三位投资家那里得到融资,辛辛苦苦创建了公司。就在公司初具规模的时候，却有人想收购它。

在那时，公司刚刚开始扭亏为盈。我心想："现在才是做大做强的好时候，怎能卖掉它呢？"于是，我去跟三位出资的股东商量。

见面后，三位股东都不约而同地来跟我握手，并对我说："祝贺你！"

我大吃一惊，这跟我的预想完全相反。我不由问道："眼看着好不容易刚开始赚钱的公司被卖掉，这有什么值得庆贺的呀？"

听到我这样说，三位股东中的一位是这样回答的。

"你在说什么呀。不正是因为公司能够赚钱，具有商业价值，才能这样抢手被收购吗？你至今为止费尽心血地去培育它，现在不正是毕业的好时机嘛！"

他继续跟我说："你对这个结果好像不满意，不过，你到底打算经营这家公司到何时？你说说看，你所设想的经营终点'出口'在哪里呢？"

我无言以对，因为那时的我根本没有考虑过终点"出口"的问题。

大部分的日本人，在商务活动顺遂时，其生活水平也随之提高。他们住在好房子里，出入乘坐高级轿车。而在商务活动不顺遂时，其生活水平也相应地下降。

这是为什么呢？

这都是他们没有考虑"出口"的缘故。

试想一下。

例如，在建设一幢大楼时，首先需要决定要建几层。没有人不考虑要建几层就去动工的吧？

首先决定大楼要建几层，然后才能开始打地基。

并且，还要确定要建什么样的大楼。地面的材质、墙壁的颜色等很多细节都需要事先设计好，请设计师缜密地绘制好图纸，才能开始施工。

我们在考虑事情时也应如此。

首先，从"出口"考虑。

这在"投资脑"们的思维方式中，是重中之重的部分。

首先，决定终点，然后从终点逆推来思考事情，时时将"逆向思维"谨记于心。

如果不从"出口"开始考虑，就一事无成。

如果不知经营的终点在哪里，那么预算也做不好，战略也没法设计……

如此一来，就无法真正站在起跑线上了。

例如，我们去开车兜风，并驶入了高速公路。

假设这条高速公路有 5 个出口，每个出口所收的高速通行费各不相同。你会怎么做呢？你大概先会选择一个高速通行费最便宜的出口，然后驱车朝着那个出口驶去吧。

由于一开始就事先决定好出口，因此大大节约了高速通行费。"投资脑"的思考方式正是如此。

可是在我看来，人们很少从"出口"开始考虑。

就好像建造一幢大楼时，大多数人不是先决定建造几层，而只是想着"尽量往高里建"，走一步看一步。

选择高中的时候，大家都想着"尽量去好一点的高中""看一下偏差值（估算一下分数），报考能考上的高中"。考大学时也是如此，报考差不多能考上的大学。

那么，大学毕业之后的"出口"在哪里？

毕了业到公司就职之后的"出口"又在哪里？

今后，我们一定要养成凡事都考虑"**出口**"即终点的习惯。

首先考虑"出口"，然后再确立一个"假说"。

之后，再从各个角度加以检验认证。

这样一来，就自然而然地形成了完整的战略。

那么结果自然就是某种"可以预见"的结果，而不会是那种"忐忑不安地等待着"的结果了。

> 首先决定出口，然后基于"出口"逆向思维来思考。

02 黑羊法则

"打工脑"是白羊

"投资脑"是黑羊

你们看到过黑色的羊吗?

大概不常见吧。

因为绝大部分的羊都是白色的。

"black sheep"这个词,在英语的俗语里,是"多余的""麻烦精"的意思,也就是指异端分子。

乍一看,这个词给人的印象不太好。实际上在一些英语国家,"黑羊"也确实常常被用于不好的语义,而我却在书里把它用在好的方面。

试想在一群白羊中,只有一只黑羊的话,会怎样呢?

它会很显眼吧？

人也是如此，如果某个人与众不同，或者做了跟大家不同的事，也必然很显眼。

那么，对于与众不同这件事本身，你是会感到不安，还是会觉得自豪呢？个人的认知不同，答案也不一样。

我在小时候就是大家说的那种"不合群的人"。不管做什么，我都不能做得跟别人一样好，因此被大家看作"怪胎"，老是遭人白眼。老师也很生气："别人都能做好，为什么就你做不好？"我自己也经常烦恼："为什么自己跟大家的想法不一样，跟大家步调不一致呢？"我对自己没有信心，很是自卑，常常想"反正我就是很差"，内心非常脆弱和无助。

可是，自己创业之后，我的自卑情绪一扫而空。

那是因为与众不同的想法对商业经营大有裨益。由于我用与众不同的观点看待问题，这种与众不同反而成为有利的商业武器。

许多人讨厌跟他人不同。因为如果跟别人步调不一致，失败的时候便无法辩解。他们害怕被人数众多的"白羊"嘲笑。假如失败就会被嘲笑，那么不如自己也做不出格的"白羊"就好了。

但是，实际上，**其他人没有经历过的失败才是自己独有的**

财富。

也就是说,"黑羊法则"的意思是**有勇气与众不同**。

不管在哪个国家,被称为"成功人士"的人占比只有5%,即成功者不超过5%,其他碌碌无为者占95%之多。

这5%的成功人士都是"黑羊"。

在100个人当中,只有5个人成功,因为他们做了跟其他95个人不同的选择。

也可以这么说,在100个人中,假如有95个人反对,但只要剩下的5个人坚持自己的意见,那么他们今后走上成功道路的可能性将极高。

在"雷曼危机"导致美国不动产价值暴跌之际,"白羊们"为了解套,拼命地低价抛售手里的房产,而"黑羊们"却认为这是百年一遇的好机会,逆流而上,低价购入许多贱卖的不动产。到底是哪种人成功了呢?答案不言而喻。

跟风做了同样选择的人绝不会成功。

如果我小时候就跟其他人一样,不管做什么都能做好,那么我现在就是那平平凡凡随大流的1/95。这样想来,当时的我被叫作"怪胎",在今天来看,倒可以看成一种"称赞"了。

中学三年级时,我曾惹怒班主任老师。他气得大声说:"为什么你那么不听话呢！"那时候的我，曾这样回怼过：

如果听老师你的话，我将来就只能当学校的老师了，可我并不想当学校的老师！

那时候的我，正是这种像"黑羊"一样的问题学生。

顺便提一下，日本足球选手本田圭佑也曾这样说过：

为什么要别人来决定我将来干什么？我的人生我做主！

这也正是"黑羊"才有的思考方式。

> 其他人没有经历过的失败经验，日后会变成自己独有的财富！

03 打破常识法则

"打工脑"重视常识

"投资脑"打破常识

我刚到美国的时候,互联网还未普及,当时的人们还是依靠邮政业务来收发文件的。

有一天,我为了邮寄文件,在问了邮筒的大致位置后,就来到了大街上。

"邮筒嘛,到了街上马上就能找到吧。"当时的我高估了自己,结果不知为什么,一个邮筒也找不到。我顺着街道找啊找、找啊找,居然一个也没找到。

我一边想"到底为什么呢?美国难道没有设置邮筒吗?",一边沿着街道走来走去地寻找,结果还是没找到。

不管怎么找都找不到，我实在没有办法了，就用蹩脚的英语向路过的人打听："邮筒在哪里？"

路人听懂了我的意思后，突然大笑起来，他用手指着我身后说道："不就在你后面吗？"

"啊，在哪里？我怎么没看见……"我半信半疑地回头一看，那里有一个大大的蓝色公共垃圾箱……

或者说，那是我认为的垃圾箱，但其实是美国的邮筒。

我先入为主地认为"邮筒是红色的"，而且认为邮政的标志在全世界都通用。因此，在此之前我都在拼命地寻找带有邮政标志的红色邮筒，结果导致我对蓝色的美国邮筒视而不见，还随意地把它看成垃圾箱，将它完全主观地屏蔽在视野之外。怪不得我怎么找也找不到。

"原来美国的邮筒是蓝色的啊"，我再一次走在多次徘徊的街道……果然，这里有，那里也有，这条街上设置了好几个邮筒呢。

邮筒不是没有，而是我没有发现而已。

"固有观念"可以如此地蒙蔽住我们的双眼，让我们看不见本应看到的东西。

与此相似的事情多次发生。有时，很多机会就在我们眼前，但是因为我们先入为主的固有观念，让我们的心神被其他某个事物所吸引，因此看不到这些机会。

我们特别需要注意的是，这种情形往往发生在自己经验丰富或专业的领域中。

出于多年的经验，"就是这样的！"这种固有观念会蒙蔽住我们的双眼，让我们看不到新的发现或真正的事实。

就现在，在这里，**我们尝试怀疑一下自己的常识吧**。

趁此机会我们可以重新审视一下原本自己以为"理所应当"的事情。这样做可以清理一下至今滞留在我们心中的垃圾。

有一种方法可以让我们轻松达到这个目的，那就是"走出国门"。

在国外，一些国内通行的所谓常识是行不通的。

例如，在日本，我们从小被教育"别人给了吃的东西，一定要全部吃光，否则对做饭的人不尊重"。

可是，在中国的有些地方，我们也如此这般把食物吃光会如何呢？那就相当于告诉请客的人家"我还没有吃够"，催促对方加饭菜。

在日本看似是"常识"的许多行为，在国外被认为是"非常识"的。

同样，也有许多事物在日本随处可见，感觉理所当然，而在国外却并非如此。

例如,智能马桶盖在日本 2011 年累计销售数量就已突破 3000 万个,家家户户都基本普及。可是它在其他很多国家却几乎看不到。

听说美国著名的歌手麦当娜,来日本时非常喜欢智能马桶盖,特意选购带回国。这个例子也可以说明,假如我们一直在日本,会理所当然地认为智能马桶盖是随处可见的东西,实则不然。只要我们到了国外比较一下,就会发现这一点。

如上所述,如果我们能够勇于打破常识,就可以培养自己**"发现机会的眼力"**。

我建议大家都去国外走一走,去发现好的商业机会!只有到国外,通过比较,我们才能灵光乍现,想到以前没想过的金点子。

正因为如此,我们要常常怀疑自己的"常识",重新审视那些"非常识",多多去发现那些意想不到的机会。

> 你的"常识",也许是世界其他国家的"非常识"!

04 茶杯法则

"打工脑"拘泥于眼前的"点"
"投资脑"更关注未来的"线"

这个话题有点突兀,请大家试着想象一下茶杯的样子,就是那种带着小手柄和托盘的茶杯。

那么,为什么茶杯下要配有托盘呢?为什么茶杯的小手柄会做得那么小,一般连手指都放不进去,只能用两根手指捏住才能拿起来呢?

大家想过为什么吗?

在英国,人们有喝下午茶的习惯,一边喝着红茶一边吃些点心。

据说很多英国人都很怕烫。因此过去的英国贵族们在喝下午茶时，不是直接用茶杯喝，而是先将红茶倒入托盘里晾凉后再喝。

因此，茶杯要有托盘配套。

不仅如此，为了方便散热，茶杯的杯壁都造得比较薄。

茶杯壁薄还有另外一个理由，即壁薄就可以透光，透光就可以欣赏到红茶漂亮的颜色。

最后，茶杯的手柄会做得很小，一般连手指都放不进去，只能用两根手指捏住才能拿起来，也有特别的理由。

这有好几种说法。

其中一种说法是这样的。在过去，红茶只有贵族才能喝到，是普通人很难喝到的高级饮品。当时的贵族夫人们经常戴着手套，戴手套的手拿东西很容易滑落，拿茶杯也是如此。所以，在茶杯上设计了小手柄，用两根手指捏住可以起到防滑作用。

为什么我会提到这个话题呢？那是因为我想说，茶杯的造型与制造它时的时代背景息息相关。茶杯的手柄小，配有托盘，还有杯壁比较薄等，都各有其特殊含义。

也就是说，万事万物都各有其理由。

我们在面对一个新事物时，不要想当然地接受，而要多多思考一下"其所以然"。这个道理适用于任何事情。

"投资脑"经常性地思考并深究"为什么会如此""为什么会发生这种现象"。

因为所谓"投资"就是努力将资产在持续保值的情况下，顺利递交给下一代继承。为此，投资家们要预测一下保有资产的"未来"，并且为了适应变化要提前做好对策。

要预测未来，就必须追本溯源、熟知历史，追究其"所以然"。这一点尤为重要。

例如，**新闻不是为了传达"发生了什么事"，而是为了预测"将来会发生什么事"而存在的**。假如我们只学习一个发生过的事件或现象，不去预测今后类似事件或现象是否会发生以及会如何发生，那么就没有学到任何"进化"的经验和教训。因为你只是从发生过的事件或现象中学习到了点状的知识。

只有熟知历史脉络的人才能准确地预测未来。**不要只读取点状信息，更重要的是学习预测未来发展的长线。**

经济领域里发生的所有事件或现象都各有其原因。我们不要把发生过的现象当作一个个点来考虑，而是要将其连成一条线，一起来思考和预判。

通过学习过去的历史，掌握经济现象的发展规律，就能拥有预测未来经济发展的能力。

　　掌握过去经济发展规律的你，一定能够预测出未来的发展趋势。

> 　　掌握过去发展规律的你，一定能制作出自己的"未来茶杯"！

05 先施后得 法则

"打工脑"靠夺取获得眼前利益
"投资脑"先给予获得长远利益

我年轻时第一次出国,最先感受到了一件事。

那就是"日本人很受欢迎,外国人对日本人的评价很高"。

在当时,我有一个先入为主的强烈印象,即"世界上其他国家都在批判日本""世界上其他国家的人都讨厌日本人,觉得日本人不行"。

可是,这竟完全是误解。实际上我在国外听到不少日本人有礼貌又诚实的佳话。在了解到这些评价之后,我对日本的方方面面突然产生了兴趣。

在这里展开的论述完全是我个人的看法。日本在古代是一个懂得"施与"的国家，这在神道的"祝词"里就有明示。

所谓"祝词"就是在神社接受祈福除秽时，神职人员吟唱的歌谣。我们重读一下这个祝词的内容就会发现，里面记述了许多感谢的语句，如"感谢赐予我们食物，感谢赐予我们衣穿"。

也就是说，在当时有一部分人掌握了最先进的技术和知识，他们把这些先进的技术和知识传授给了普通民众，例如，水稻等粮食的种植技术、食物的加工技术、食物的保存方法、房屋的建筑方法、纺织技术，等等。

因此，古代的日本人将给他们传授知识和技术的人尊崇为"神明"。由于天皇家族被认为是这些神明的子孙，所以，日本人至今仍衷心地尊敬天皇家族，并爱戴他们。天皇家族也正是因为其祖先在古代无私地帮助了国民，才会被国民尊敬。虽然历经这么久的时间，天皇家族至今仍然受日本国民爱戴。

这样想来，日本的天皇家族和国民的关系非常亲密，他们之间的距离也很近。

京都御所是一个人在外面就能看到里面的建筑，城墙非常低，天皇就曾经住在里面。京都御所可以说是伸手就能够得到的地方。正因为天皇信赖他的子民们，所以没有建造高高的城墙。因此我们可以推测出，在古代，民众和天皇的纽带是很紧密的。

在当代也是如此，2011年日本大地震发生之后，明仁天皇曾拖着病体亲自前往灾区慰问。

通过给予，自己也得到繁荣。这才是立国之本。

我在这里明确提出一个准则："如果想确保获得长期利益，而非短期的眼前利益，就应该**首先给予，让对方获利**"。

商务贸易也适用此准则。

不是夺取，而是给予。得到的人会非常感激给予的人，会一直感谢对方。于是，商务伙伴成为"恩人"，而不是"竞争对手"。

如果可能获利，那么就把利润的九成给予对方吧。自己得到一成就可以了。

也许你会想"只要一成是不是太少了点"？但如果这"一成"我可以从一百个人那里得到，那么最后得到的利益就非常多了呀。

并且，这种获利的状态不是短期的，而是长期的。不仅如此，我还会被贸易伙伴们感恩戴德。

> 给予带来繁荣！

06 不强求 法则

"打工脑"积极寻找追求机会

"投资脑"磨炼自己等待机会

例如,你有一个心仪的女性。可是,尽管你情丝百结,对她软磨硬泡、百般殷勤,她也没有青睐于你。

这时候,怎样才能让她对你情有独钟呢?

我认为,正因为你太想让她喜欢上你,过于积极地追求,才越发地求而不得。

如果存在求而不得的人或物,那就证明自己能力不足,还没有达到与之匹配的水准。

比照前面的例子,如果不管你如何死缠烂打,对方都对你不屑一顾，那就证明你自身还没有具备可以让对方接受的条件。在这种情况下，即使你一时走运告白顺利，对方接受了你的追求，也持续不了多久。那正是因为你还没有达到能使对方满意的水准，一旦交往马上就会暴露这一点。并且，若是因为这种原因导致分手，你们也再没有任何复合的可能。

既然如此，临渊羡鱼不如退而结网。首先磨炼自己成为一个优秀的人。这样，对方自然而然地就会发现"这个男人很有魅力"，并且主动向你靠近。

例如，如果你想"让鲑鱼在受到过污染的河流中畅游"要怎么办呢？捉住鲑鱼强行放养到这条河里吗？其结果不言而喻，那些鲑鱼不是逃走了，就是死掉了……不论是哪一种，结局都是受到过污染的河里再也看不见鲑鱼的踪影。

可是，如果我们先去治理河流污染，使河水重新变得清澈，重新变成鲑鱼可以生存的环境，那么鲑鱼就会主动地游回来。

我在年轻时参加过跨行业交流会的宴会，也以能跟那些名人或行业精英交换名片为荣，觉得交换到名片很幸运。

那么这个幸运的想法从何而来呢？

现在想起来，估计是觉得"跟这个牛人认识，他会给我带来一些资源""跟牛人在一起自身价值也会有所提升"之类的吧。

如今，我每年都要收到几千张名片。说实话，很遗憾我连那些人的脸都记不清，也清醒地认识到，"年轻时见到的那些大腕儿也一定跟现在的自己一样，记不住当年的我"。因此，我领悟到了这样一个事实：

所谓人脉，不是自己强求而来的，而是因对方有需求才建立起来的。

过了一段时间，在某一次宴会上，我碰到了日本顶级汽车制造商的社长。只见他面前有很多人排起长队，等着跟他交换名片。

我没有排队，内心是这样想的："排在这个队伍里的人，就跟过去的我一样，估计名字也好面孔也好，都不会被社长记住。我今天才不会去跟这位社长交换名片，不如以后多多磨炼，让自己成长为能让社长记住名字和面孔的人。"

我下定决心，让自己更快成长起来，成为能让对方感兴趣的人，再跟他见面。

在"我想见到那个人"时，无论多么想接近对方，并积极表现，假如对方没有需求就毫无意义。不如内心期待着"总有一天能见到那个人"，磨炼自己，做好充足准备，总有一天你就真的能见到他。

这跟"投资脑"的思考方式有相通之处。

在你"想干点什么""想要什么东西"的时候，不要去强求，而是应该思考怎样才能让对方主动靠近，主动迎合自己的需求。为此，最重要的是完善自己，调整周边的环境，吸引对方靠近自己。

例如，你想要一辆法拉利，首先要从自己能做的事情着手。比如，首先思考一下要购买法拉利，怎么办好呢？先制定战略，认真推进准备工作。即使现阶段没有足够的钱购买，也可以先寻找安置法拉利的车库。

不久之后，你的财力和实力与法拉利的车主相匹配了，法拉利就自然而然成为你的座驾了。

机会转瞬即逝！决心"等待"之后，做好充足的准备，以最好的状态，等待机会的到来！

> 如果你"想要"什么，就首先磨炼自身，耐心完善周边环境，静待花开。

07 接受法则

"打工脑"只相信眼见为实

"投资脑"连圣诞老人都信

鬼怪，UFO，外星人……

你相信这些吗，还是不相信呢？

假如你认为"那些东西，不可能存在！"，那么，好的，到此为止了。即使你的眼前真有鬼怪出现，你也只会认为眼花了，不会放在心上。即使天空中真的飞过UFO，你也只会认为"啊，飞机呀"，不以为奇。

假如你的内心先入为主地否定这些虚幻的东西，那么，你对眼前看到的事实也会视而不见。

许多人只相信自己的眼睛看到的事物。

但是，在这个世界上，眼睛看不到的东西，真的有许多许多。并且，这些看不到的比起我们看得到的，具有压倒性的优势。

例如，紫外线或者红外线，我们的眼睛看得到吗？

大肠杆菌或者流感病毒，我们看得到吗？

空气或者氮，我们能看到吗？

原子或中子，又或者放射线，我们看得到吗？

爱，还有友情，我们能看到吗？

圣诞老人，实际上是不存在的，可是在孩子们的心目中又是真实存在的。

试着回想一下你的孩提时代，也许你是相信过圣诞老人的吧。是不是有人在平安夜猜测过圣诞老人会给自己带来什么样的礼物？是不是也有人曾兴奋得睡不着觉呢？是不是有人给圣诞老人写了信，还有人给圣诞老人准备了慰问品呢？

另外，大人经常会听孩子们说"看到了妖精"。我认为他们真的看到了，孩子的"接受能力"相当强，什么妖魔鬼怪他们都接受其存在。

因此，他们可以描绘大大的梦想。

例如，在日本职业棒球联赛中活跃的松坂大辅，曾在小时候写作文时写下梦想:"将来我要成为100亿日元身价的棒球手。"而他身边的大人们并没有嘲笑他"那么伟大的梦想,怎么可能实现!",反而鼓励他:"如果是你的话,很有可能实现!"

于是,他就真的成了100亿日元身价的棒球手。

如上所述,"信任的力量"有时候会发挥巨大的威力。

而"信任的力量"发挥威力的第一步就是"接受这件事"。

但是令人遗憾的是,现实并非如此。随着年龄增长,比起"接受的力量",另一种"否定的力量"逐渐增强。

因为我们的心灵已经没有空间来接纳了,里面充斥了所谓的经验和知识,像垃圾一样堆积如山。即使出现了新的想法或意见,我们也难于接受,反而会驳斥这些新的想法。

真的有鬼怪吗?UFO真的存在吗?其实都不是问题所在。

对那些天马行空的想法,不是拒绝接受,而是持有这样的态度,"也许有鬼怪存在呀""如果真有会怎么样呢""也有这种想法的呀"。**暂时接受这种想法,仅仅接受这一步,也将大大增加其实现的可能。**

其实,很多重要的机会就蕴藏在其中,关键在于"看得见"和"看不见"。假如重返过往,用孩童的视角来看,也许就看得见了。

十几年前，我在日本第一次以"美国的不动产"为题做演讲。当时有 30 人左右来听。可能因为我当时既没有知名度也没有像样的头衔，几乎没有人相信我说的话。

但是，当时的听众中有且只有一个人，相信了我说的话。他按我说的去做了。在当时他只是"觉得很有趣"，并毫不怀疑地按照我说的方法去实践了，结果大家知道吗？

他现在在美国拥有 80 处左右的不动产，一年中有一半时间待在加拿大的温哥华，剩下的一半时间跟家人住在夏威夷。而另外 29 位又如何呢？他们大概现在还在过着日复一日不变的生活吧。

要抓住机遇，首先要拥有"接受的能力"。

> 用孩童的视角看，机遇无限。

08 塞翁失马 法则

"打工脑"以为最高峰是机遇

"投资脑"认为最低谷是机遇

也许你也经常听到"机遇伴随危机一起到来"这句话。

回首我的人生,我的经历也确确实实印证了这句话。中国古代有一个塞翁失马的小故事,它的寓意是灾祸往往会转变成福报,事实也确实如此。

实际上,我也真实经历过几次人生低谷。

其中,最大的一次危机发生在我27岁的时候。

那时候,我的事业刚起步,经营状况却远远超过预期。我大赚特赚,公司的经营规模也迅速扩张。

一切都顺利得不可思议,就连我自己也有些讶异。于是我被成功冲昏了头脑，觉得自己"好了不起呀"，多多少少有点骄傲自满起来。

因误判而骄傲自满的年轻人，听不进其他人的任何意见。

就在这时候，发生了预想不到的事情。

由于我的贪心，不断扩张事业，导致资金链断裂。在一瞬之间，我失去了近九成的财产。

屋漏偏逢连夜雨，坏事都是连续发生的。雪上加霜的是，公司的一个员工偏偏在这时挪用了20万美金（按当时的汇率相当于2500万日元）。

细究起来，竟然是因为这个员工的母亲患病长期住院，借了好多钱。为了还钱正头疼的他，看到了公司的20万美元，没有抵挡住诱惑……

我非常气愤，先把那个员工叫到公司的一个房间，自己一边想着"让他如何赔偿"，一边打开了门。

但是，映入眼帘的是——

跪在地上把头磕在地板上的员工和他老迈的母亲。

我一句话也说不出来。

并且，刚刚还满满的怒气嗖地消失不见了，想法也转变了。"他没有错，错的是让他能够轻易挪用公款的公司制度本身。因为公司财务制度不严谨诱惑他犯了错，公司太对不起他了。"

等我回过神来,我是这样对他说的:

"你确实做了错事,不过那笔钱就当作借给你的好了,今后用工资一点点返还就可以了。"

于是,我就这样轻易原谅了挪用了公款的员工。但是,当时公司流动资金只剩下了4万美元(大约500万日元)。

我穷途末路了。从这4万美元中还要支出当月员工们的工资和其他必要经费。支付完后我就只剩下2000美元了。

一个公司的运营怎么能够靠区区2000美元呢?

"啊,大概要倒闭了吧……"

我为自己的青涩莽撞感到痛心的同时,也对自己先前的得意张狂感到羞愧。而且,在此时我完全丧失了作为经营者的自信。

就在那天,我在回家路上发现了一个招牌。其实之前它也立在那里,我过去几年间每天回家路上都会经过它,却一次也没有注意过。

那个招牌上写着"××商贸学校,体验入学2000美元"。

这个商贸学校的学费是2000美元,而我手头刚好只剩下公司的2000美元。

"多么凑巧呀!在这里交了这笔学费的话,公司的资金就正好清零了。好吧,这可能也是一种缘分。我就交了这笔学费,大不了从头再来好了！"

我从这个招牌的宣传语中感到一种不可思议的缘分，半是自暴自弃地当场决定参加这个学习班。

可是，就是这个决定，大大改变了我的后半生。

在那里学到的每一项商贸知识，对我来说都如醍醐灌顶。我就像海绵一样拼命地去吸收它们。

其中教诲之一就是"商贸里绝对不能有谎言"。

首次听到这个教诲时，我大吃一惊。

因为我自己公司面临的资金告罄一事，我还完全没有跟员工们提及。

"商贸里不应该有谎言，可我至今没有告知员工实情，相当于对员工们撒谎了……"

我犹豫不决，最终还是鼓起勇气决定跟员工们开诚布公，将现在公司真实的经营状况都坦诚地告诉他们。

"实在抱歉！公司现在经营困难，甚至连给大家发工资的钱都没有。"

我将能告知他们的情况和盘托出，并甘愿接受一切指责和索赔。

但是，员工们都纷纷地跟我说："因为发生了那样不好的事，经营陷入困境也是情有可原的。大家一起加油挽回损失吧""稍微晚点给我们发工资也没关系""我们大家一起加油干吧",等等。

由于我对员工们开诚布公地交代了经营困境,因此大家就好像形成了一个命运共同体,共同承担起了公司经营的责任。并且,通过这次危机,我跟公司员工们的关系更加紧密了。大家团结一心,共克时艰,度过了这次危机。

如今想起来,正是通过这件事,我开始真心感谢我的员工。并且,这次的危机也是改变自己骄傲自满的好契机。可以毫不夸张地说,正因为有这次危机才成就了今天的我。

刚开始是哀叹"倒了大霉似的灾难事件",结果却转变成了难能可贵的财富经验。直到危机发生前,我的事业都是一路高歌、突飞猛进。遭遇这次的危机事件,我才发现自己的公司缺少"视野"和"战略"。这真的是一个认真思考这些弱点的好契机。

"公司的经营方向是什么?"

"公司的经营目标是什么?"

"公司采取什么样的战略才能达到目标呢?"等等。

话虽如此,我们所说的"危机发生时才有的机会"中的"机会",到底是什么样的机会呢?

那就是"改变自我的机会"。

更明确地说就是"**改变自我意识的机会**"。因为在一切顺利的时候，人是不会想去做任何改变的。

只有在遭遇困苦时、在艰难时、在发生了不好的事情时，我们才会去想"这可能是个机会"，或许这样真的会让我们拓展思路，发现好的机遇。

> 在危机中，隐藏着改变自我的机会！

09 猴子模仿法则

"打工脑"以为模仿可耻

"投资脑"主动模仿他人

"学习（学ぶ）"的日语词源是"真似ぶ"，也就是"模仿（真似する）"之意。

我们小时候，都会模仿一些偶像歌手、演员或者名人的语调或是动作，还有打扮。哪怕是自己讨厌的食物，偶像喜欢吃的话，自己也跟着吃，努力把不喜欢的也变成自己喜欢的。

人如果强烈地希望"自己也能成为那样的人"，并一直模仿偶像的一举一动，长此以往，相貌虽然不会改变，但是整体的形象气质会逐渐地跟偶像越来越像。

不但小孩爱模仿，大人也一样。

如果你想学习，就先把自己崇拜的人当作"榜样""模版"，从彻底模仿这个人开始吧。

你想当有钱人,就模仿有钱人好了。我不是让你贸贸然地去开豪车,买游艇。我说的模仿不是这种浮于"表象"的模仿,而是去彻底模仿有钱人的思考方式和行动模式。

有钱人是如何思考的,又是如何行动的?请你仔仔细细地观察他们,并试着去模仿。等你掌握了他们的思考方式和行动模式,财富的大门将向你敞开,你就会逐渐成为有钱人。

模仿也适用于商务活动。

实际上,我现在做的不动产投资本身也属于"猴子模仿"。

不过,模仿的对象非常重要。

我们要模仿那些真正的有钱人,他们事业成功且能世代积累财富。

暴发户多如过江之鲫,他们只有一段时期成功。你要去模仿暴发户,就永远不会成功。而如果你去模仿那些历经多年仍能让财富不断增值的人,你就会获得成功。

并且,这才是切实有效的方法。

如果说投资只是模仿,也并非言过其实。

在某种意义上,我更是得益于"猴子模仿",进而掌握了模仿的精髓。

例如,你想要开一家餐厅。首先,去寻找一家你所憧憬的、

"就想开这样的"目标餐厅，或者说参考一下口碑好的餐厅。那些成功的餐厅打眼一看可能发现不了什么，但一定有其不同寻常的耀眼的经营秘诀，虽然你可能看不到。

首先，彻底"照搬"那家店。

也许你会想"照搬人家也太不要脸面了吧，那不是人干的事"。但我遗憾地告诉你，自尊心不能当饭吃。

如果想真正成功的话，就先完完全全地照搬目标店铺。模仿它已做出成绩的经营模式。模仿，再模仿，在彻底地引进优秀模式的过程中，你慢慢地会发现"这里可以稍微改进一下""那里也可以再完善一下"，等等，然后再打造出自己店铺独有的新创意。

追求"猴子模仿"，有哪里不好呢？

事业顺利的人或者生意兴隆的店铺，一定有其成功的特殊理由。

在历史长河中，日本人追求"猴子模仿"，从海外引进了各种各样的优质产品，在此基础上，创造出更优质的一流产品。善于模仿应该是引以为豪的事，我们应该"不以为耻，反以为荣"，堂堂正正地继续模仿下去。

> 只有追求"猴子模仿"，才能推陈出新！

10 还不错法则

"打工脑"聪慧能干，一个人也能行

"投资脑"不见得聪慧，却擅长借力

有一种人，不论何事都能做得不错。

我们上学时，班级里都会有这样一名同学吧：学习成绩中上等，运动神经也发达，在接力赛里经常被安排在重要的第三棒，画儿画得不错，唱歌呢也不走调，假如再会拉个小提琴，那就更不得了了。

就是这样一个人，你觉得他"干什么什么都行""好像没有不擅长的，真是让人羡慕呀"。

所谓"不错"，其实是超出一般标准。不论何事都能达到普通以上的水准，那么在任何场合都能够游刃有余。

而且，这样的人通常没有危机感。这也是理所当然的事，因为他们不论何事都能够做到"标准以上"。不必做更多的努力，他们就能取得其他普通人拼命努力才能拿到的好成绩。

他们大差不差地随便做做，就能取得还不错的成绩。当然，他们也不会遇到如"掉落谷底"般的失败。因此，他们自然生不出那种想要从底层往上爬的如饥似渴的拼搏精神。

因此，这种人大概不会产生"我想站在更高的地方！"的想法。

其结果会怎样呢？

正因为大差不差地就能做好一份工作，所以他们就相应地平平凡凡地度过一生。

所谓"聪慧贫穷"，就是形容这种人的。

我观察自己公司的员工，发现他们都有一个共同点。

在入职时表现优秀的人，大抵在今后的工作中表现平平，并没有让人惊艳的表现。刚开始，他们比普通人的理解力强，乍一看很优秀、让人期待。但是很有趣的是，他们后来大多都没有出色的表现。

我试着分析过原因。大概是因为优秀的人，他们以往的人生都顺顺利利，不管做什么都能不错地完成，没有失败。也因此，他们没有受挫折的经验。

另外，不论何事都能顺利完成的人，他们的起点就是"还不错"。如果真发生了自己做不好的事情，他们就会停滞不前、垂头丧气。

可是，那些开始就做不好的人，却不会这样。他们的起点就是"做不好理所当然"。因此，假如发生了做不好的事情，他们也不会垂头丧气。哪怕多花些时间，他们也会想方设法去解决问题。

实际上，对人和公司而言失败都是财富。当修正失败并完善自我时，你将获得宝贵的人生经验。

在这里，我要提个问题：

你想度过平平凡凡的一生吗？

我想，拿到我这本书的读者们，心中多少都有些不甘，并不想就这样平凡地度过一生。

这样想来，"还不错"确实有点可怕。

当然，如果你觉得平平凡凡的人生也不错，那如此度过也未尝不可。但是，如果你不甘心平凡，觉得"这样下去可不行，我得再往上走走"，那就问问自己，迄今为止你的心态是不是"只满足于差不多能完成工作就可以了"？

尤其是那些做任何事都能顺利完成的人更要警醒。

从小学到高中，学习成绩都在中上。大学也是考入了虽不是一流但也不差的本科院校。毕业之后，在一家不大不小的企业就职，工作算得上顺利。

乍一看，这样的人生没有任何问题，算得上顺风顺水。可是如此一来，你庸庸碌碌地度过平凡一生的可能性就非常大。

假如你想改变自己，就勇敢地踏出第一步。找到一个你需要拼尽全力去做才能实现的目标。

顺便提一下，我招聘公司员工所采用的标准是"看起来笨笨的，但是内心强大又善良"。

即使不聪慧也可以。哪怕笨拙，但正直有韧劲的人，一样可以成为行业顶尖的专家。

而且，那些不聪慧的人，从小就知道自己的不足，知道需要依靠别人的帮助。重视人际关系，这一点尤为重要。

而那些自幼聪慧的人，靠自己就能解决大部分问题，他们一般不习惯求人办事。因此，他们多少都有些不重视人际交流。

假如你想成大器，就要明白，不借助别人的力量是不会成功的。

因此我认为，比起聪慧的人，那些笨拙的人，反而能赢在最后。

> 失败少的人，大多碌碌无为、平平凡凡地度过一生。

11 改变环境的勇气
法则

"打工脑"留在舒适圈
"投资脑"迎难而上

我特别喜欢一段名人名言,有点长,分享给大家。

如果有人说"你不行",
不要理会他;
如果你想要做一件事,却遭遇失败,
不要怪别人,
先从自己身上找原因。

许多人会对你、对我、对我们说"你不行"，
他们并不希望我们成功，
因为他们自己就没能成功，
因为他们半途而废，
因此，他们也希望别人丢掉梦想，
不幸的人希望和同样不幸的人做朋友。

请你不要放弃，
如果有人充满了正能量，
如果有人脚踏实地，
如果有人信心十足，
如果有人乐观向上，
如果有你崇拜的人，
请向他寻求建议吧。
认真考虑你人生的只有你自己，
不论你的梦想是什么，勇敢向前进吧。

因为你是为了幸福才来到这个世界的，
因为你是为了幸福才来到这个世界的。

这是美国篮球界的超级明星魔术师约翰逊的话。

我在大学 4 年级时毅然选择退学，那时临近毕业只剩下 10 天。我决定"要到美国去闯一闯，实现美国发财梦！"并且真的去了美国。

周围的人全都持反对意见，他们纷纷劝我。

"你是被热血冲昏了头脑，再好好想想！"

"你在想些什么呢！不要胡搞！"

"现实可没你想得那么美！"

之后，我申请留学签证去了美国。

当我在美国想开公司的时候，周围的人又全部都反对，他们说："留学签证怎么能开公司呢？"

再后来，当我利用报纸广告筹集资金的时候，他们还嘲笑我："你是不是傻子，利用报纸广告，怎么可能筹集到资金！"

我 25 岁时，跟银行贷款 35 万美元（按当时汇率计算大约 4000 万日元），买下了价值 50 万美元（按当时汇率计算大约 5700 万日元）的不动产。周围人还是在唱反调："你怎么能还得起那么多钱，还是别那么干了！"

我是在周围人的反对声中，一步一步走过来的。

并且，我把他们认为看似不可能的事都一一成功地做到了。

我闯荡到美国取得了成功，我以留学生身份成功兴办了公司，我利用报纸广告成功地筹集到了创业资金。另外，我还从银行贷款35万美元买到了价值50万美元的不动产,并成功地返还了所有贷款。

当时反对我的那些人,现在没有一个在我身边。

从日本到美国……

从留学生变成经营者……

从经营者变成投资家……

我一步一步主动去改变自身所处的环境。

可是,每次改变环境之后,我跟从前的伙伴都会渐行渐远。

我跟他们道不同不相为谋。自己想说的话对方不理解,对方的话我也不会听。我跟他们在一起一点也不开心。

"为什么会这样呢?是我做错了什么吗?"

有一段时间我很烦恼,陷入了周边伙伴都不断疏远自己的错觉。

就是这个时候,我看到了前面提到的魔术师约翰逊所说的话。

他的这些话里正好有我一直追寻的答案。

原来周边的伙伴并不希望我成功。

他们放弃了自己的梦想,因此希望我也放弃梦想。

对于我所做的事,他们纷纷反对,说"那样的事怎么可能做到",是因为他们不想"让我做到那样的事"。

并且,我逐步实现了自己的一个个梦想,每登上一个新台阶，就有人掉队没能跟上来。

我还发现这样一个事实：虽然过去的伙伴们不在我身边了，可是我身边又多了很多新的志同道合的朋友。

也许正是如此，随着自身的成长，我周围伙伴的水准也在提高，身边的朋友也在更新。

说实话，我在追求梦想的过程中，也有很多不安，并没有太多胜算。如果待在原来的环境里，还算舒适，我也还有许多旧圈子里的朋友。

我有时候也会担心："是不是没有必要去挑战一个人生地不熟的新领域、新环境？"

但是，每当我鼓起勇气，往上走一个台阶时，我都成长了许多。

哪怕周围人都反对，也不要气馁！

不要害怕改变环境！

请鼓起勇气，挑战新领域！

在新环境里，你一定可以凤凰涅槃，成为更好的自己。

> 别人之所以反对你，是因为他们不想你成功。

12 浑水中的青蛙法则

"打工脑"想改变别人

"投资脑"想改变自己

师傅给我讲过一个小故事。

一个小水洼里住着一只青蛙。

一天,一只几年前从这里离开的青蛙回来了。

一直住在小水洼里的青蛙看到归来的青蛙非常干净气派,很是自惭形秽,慌慌张张地拼命清洗自己的身体。

可是过了不久,它的身体就变得又黑又脏。于是它又焦急地开始唰唰地擦洗自己的身体。

但是,擦洗干净的身体好像只能维持短短一会儿。过不了多长时间，它的身体在不知不觉间又变脏了。

因此，这只青蛙终于发现了一个事实：

自己住的小水洼本身就很脏很浑，只要自己待在这个小水洼里，身体就会变黑变脏。

于是，这只青蛙就把自己发现的事实告诉了同样居住在小水洼里的伙伴们，并呼吁"大家一起把小水洼变干净吧"。

可是，没有一个小伙伴支持它，不仅如此，它们还责怪它："本来大家待得舒舒服服的，为什么要费力气改变呢！"

这只青蛙恳切地拜托大家："请看看这个水洼里的水，真的很脏！"它不死心，不断向大家呼吁。但是却没有青蛙理解它。最后，它被青蛙们在背后指指点点，"那个家伙脑袋进水了"，最后成了"孤家寡蛙"。

这只青蛙就想"一直待在这里也没意思"，它鼓起勇气，决定离开这个小水洼。

外面也许有天敌等着它，也不一定能找到比这个水洼更好的栖息地。它有不安，也有恐惧。即使如此，它还是决定离开这个小水洼。

它走啊走，不断前进，终于发现了一个大水洼。

这里水草丰润，水质清澈，环境非常优美。这里跟以前的小水洼比，就是一个天上一个地下。

这只青蛙觉得这里很好，但它并没想独享。它返回小水洼，拼命游说大家："外面有一个很棒的大水洼，大家一起去吧！"但是，没有青蛙相信它。

"又开始说胡话了！"

"它一定又在撒谎！"

结果呢，大家都把这只青蛙叫作"撒谎精"。

没有能得到大家信任的青蛙，跟跟跄跄地走在返回大水洼的路上，它哀叹着自己没有能力影响到大家。

这时，不知道从哪里跳出一只上了年纪的老青蛙向它打招呼："你怎么了呢？"

这只青蛙就把事情的经过告诉了老青蛙。

老青蛙听完后，是这样说的："没有能力的正义是无力的。首先，你要改变自己，让自己变得有力量。你自己都没有力量，又怎能给予其他青蛙力量呢？并且，你自己要先变得幸福。你自己都不幸，又怎能让其他青蛙幸福呢？在想改变别人之前，首先最重要的是改变自己。"

听了老青蛙的话，这只青蛙恍然大悟，嘴巴里念叨着："改变自己……我自己现在确实没有什么说服力，偏偏却拼命想改变其他青蛙。重要的是改变自己……"

老青蛙最后这样说道："你是看到了那只干净气派的青

蛙，才发现自己身体很脏的吧？那么，那只青蛙对你说了什么吗？"

"没有，是我看到它，自己对比发现的。"

"那么，你也成为那样的青蛙就可以了呀！你要成为既受大家尊敬又干净气派的青蛙。"

从这个小故事里，我学到了很多东西。

要说服别人，首先要让自己成为榜样。

如果自己没有力量，就不能给予他人力量。

如果你也想改变什么的话，那么首先从"改变自身"开始吧。

改变自己才是正确的第一步。

> 如果想让他人幸福，首先自己要幸福！

13 不过分努力 法则

"打工脑"拼命努力
"投资脑"留有余力

我听到有一些人总是在抱怨:"我都这么努力了,却一事无成……"

不过,就是这些抱怨的人也会这样说:"为什么那个家伙做事也就那样,大差不差地,也不见他多努力,但是却事事如意?我抱着必死的决心努力做事,却一事无成。老天真不公平!"

我不太认同这种说法。"必死"这个词的意思就是"一定会死"。

如果真的死掉了的话,就什么都没有了。

比较起来还是留有余力地去努力更有成效。差不多的程度,就是"正好的程度"。

那些皱着眉、看起来辛苦努力的人，大多都是尽自己最大的努力在做事。也就是说，他们没有给自己留有余地。

而同样努力工作的人中，那些面带笑容愉快工作的人，也是在认认真真做自己力所能及的事情。他们没有勉强自己，却也在踏踏实实做事。

实际上，以我自己的实际经验来看，我曾经拼命努力做过的事，都不曾顺遂成功。

我从小学时就开始打棒球。小学和初中时期都没怎么经常练习，只是去玩玩，但我也能够作为主力队员打比赛。

可是进入高中之后，情况发生了变化。

我就读高中的棒球部是以进军日本高中棒球联赛为目标的。因此，能进入棒球部的队员都是精锐中的精锐。我不由得感到焦虑，害怕拖大家的后腿。于是，我在晚上加了跑步，练习击球动作，偷偷增加了训练量。我这么努力，就是为了死守主力队员的位置。

可是，棒球队中有的队员，只在棒球部活动的时间来玩玩，随随便便就能成为主力队员。

在我高三的时候，新加入的高一学员居然凭实力轻松地取代了我的位置。

面对这个惨痛的事实,我切身感受到自己已经没有余力继续拼,"明明我那么厌恶努力,却也已经这么拼命训练了!这大概就是我的极限了"。从小就喜爱的棒球,在那个瞬间对我来说,突然就变成了痛苦的根源。也正是这个时候,可能因为我过于勉强自己,导致身体受了伤。这样一来,雪上加霜,我一直喜爱的棒球就"真的坚持不下去了"。

我的高中棒球生涯就此落幕了。

越是100%付出努力,自己就越会感到疲劳不堪,并且也没给自己留任何余地。如果是年轻的时候倒也罢了,留下点"酸涩的青春回忆"也不错。但是,真正走向社会后,情况就完全不同了。

你没有必要拼命地勉强自己跟别人的步调一致。

每个人的情况都不同。到底是"百米冲刺型的短跑选手",还是"耐久型的马拉松选手",要看个人的具体情况。

马拉松选手跟百米短跑选手比赛,在起跑时就会被甩下很远。

跟这个比赛跑步的比喻同理,你看到同事中的"那个家伙升职太快了",就马上奋起直追也没什么意义。

例如有一项工作,如果你拼命努力,大概一周能完成。那么你在接手的时候,要如何跟上司汇报呢?

你虽然有些担心一周是否能够完成,但想到如果尽早完成,上司应该会很高兴。因此,你是打算拼尽全力、不给自己留余地地回答"一周完成",还是回答"请给我两周左右时间",而实际上稍微提前一点儿十天后提交呢?

如果是我的话,我会选后者。

即使你付出100%的努力,如果付钱的客人不能100%满意的话,那么你的努力就没有意义。

而且一般来说,如果你已经拼尽了全力、付出了100%的努力,那么就没有余力在事后修正或再次加油。

可是,如果你只是拿出50%的力气去做,当后面发生什么事的时候,你还有50%的余力去随时应对。

因此,我们做一件事时,不要过于努力,先用一半的力量去脚踏实地地应对,然后再一步一步慢慢修正,直到完成。

不论何时都要谨记,"做任何事时都要留有余力"。

> 即使你付出了100%的努力,如果对方没有100%满意,也就没有任何意义。

14 橡皮筋法则

"打工脑"专注于东西的价格

"投资脑"专注于东西的价值

以前,我曾投资过白银并大赚了一笔。

我的师傅一直在收购白银,我也跟着模仿,从 2000 年左右开始一点一点逐步购入白银。

过了 10 年左右,我的师傅开始卖出白银。我也跟着有样学样,全部卖掉。这个时候的白银价格是 2000 年的 4 倍。

顺便提一下,我的师傅从更早的 1992 年起就开始收购白银了。

跟 1992 年相比,白银的价格已经涨了 5 倍。

有一天，我问师傅："您为什么能预测到白银涨价呢？"

我还记得，我的师傅是这样回答我的：

"我没有预测到白银的价格会上涨。当时只是觉得白银的市场价格低于其本来的价值，我才买进的。现在白银的市场价格高于其本来的价值，我就卖出。我只是做了我认为正确的事。"

师傅还跟我说："**投资家不要光看价格，而要看准价值。**价值是一定的，而价格随着市场供需平衡上下波动。正因如此，投资家更要看准商品原有的价值。"

师傅还教给我一个重要的法则：

"自然规律正是如此，如果价格猛涨，不久之后就会下跌；而价格超跌，不久之后就会上涨。这就是**橡皮筋法则**，你要记住。"

橡皮筋如果拉长的话，最后一定会返回原点位置。并且，拉得越长，返回原点位置的劲儿就越大。

例如，明明很优秀的上市公司，其股价却低得离谱。还有前段时间日本经济并不景气，日元却暴涨很多……

价格低于本来的价值，不久之后就会涨价。

价格高于本来的价值，不久之后就会降价。

全部都跟橡皮筋一样，市场上的价格都会回归到原来的价值原点。

道理就是如此，说起来最重要的是知晓**哪里是价值原点**。也就是说，要看准真正的价值。

例如，你认为 1 美元兑换多少日元合适呢？

假设有人认为"1 美元兑换 100 日元合适"。

那么，100 日元＝1 美元，用橡皮筋来比喻，100 日元就是橡皮筋的原点。

从这个原点来考虑，1 美元兑换不到 100 日元，就可以判断美元便宜、日元贵。如果 1 美元兑换超过 100 日元，就可以判断美元贵、日元便宜。

如此一来，假如市场汇率为 1 美元＝80 日元，橡皮筋则向下拉得比较紧。日元越升值，橡皮筋向下就拉得越紧。但是，这种状态不会一直持续下去。我们可以预测，总有一天美元会迅速反弹并升值。

投资家不过是依据比原点（本来的价值）高或低来判断低入高抛（或者回到原点就卖出）的。

普通人也许会觉得，投资家低入高抛先于其他人半步。而投资家绝非听从那些有名的金融分析专家的预测去交易，因为那些专家都受雇于大型金融公司。投资家全靠自己的眼力来判断，而且他们以管控风险和降低风险为准则，可以一直获利而不受损。

> 看准真正的价值！

15 A 或者 B 之外，还有 C 选项 法则

"打工脑"考虑短期的利益
"投资脑"考虑长期的利益

"A 或者 B 之外，还有 C 选项"法则，是我提醒自己一直使用的思考方式。我不但在投资时提醒自己有 C 选项，在进行商业贸易或者解决问题时也是如此。

在市场营销的例题中，有这样一个选择题：

假设有个商人，来到了南方的某个小岛上。

这个小岛上住着一些原住民。

他们都穿着衣服，不过没有一个人穿鞋。

商人看到这种情况，会怎么想呢？

A 选项：认为"这里没有人穿鞋，正是一个绝好的商机"，把鞋子售卖给原住民。

B 选项：认为"这里没有人穿鞋，也就是说他们不需要鞋，鞋子卖不掉"，于是决定不在这里推销鞋子。

如果是你，会选择哪个选项呢？

是 A 还是 B 呢？

如果是我，不选 A 也不选 B，我选 C。

C 选项是"**把鞋子免费发放给原住民，然后开一家修鞋的店铺**"。

为什么会选 C 呢？

或许，这些原住民中没有人穿鞋是因为他们根本不知道鞋子是何物。大概不管你怎样兜售鞋子，他们也不会买账。因此，首先要考虑的是"免费发放鞋子，让他们都穿上鞋"。让他们先习惯鞋子，让鞋子成为他们的生活必需品。

在每天穿鞋的过程中，鞋底可能破了，或者鞋跟会磨损。因此，他们有必要到修鞋的店铺去修鞋。另外，在穿惯这一双免费的鞋之后，他们有可能想要另一双功能更好的鞋或者更高级的鞋，比如下雨的时候会想要穿雨鞋。

如此一来，第一次免费发放的鞋，相当于打好基础。原住民们修鞋需要支付费用，这样，你的修鞋铺以后就能不间断地赚钱了。另外，出售与鞋子相关的配饰也能逐步盈利。

这就跟手机公司成立之后的初始战略相同。在手机还没有被大众接受之前，手机公司全部免费发放手机。首先普及手机，让人们习惯在生活中使用手机，令手机成为人们生活中不可或缺的商品。然后，再从那些追求新机型或者追求高性能手机的消费者手里一点一点赚回本钱。

"免费发放鞋子"这件事，如果只考虑眼前利益，你可能会认为"免费发放，损失巨大"。可是从长远的全局来看，最终鞋子这种商品将在小岛这个市场上站稳脚跟，而你后期可以逐渐回本并盈利。

投资家不要只盯着眼前利益，而要考虑全局利益。

跟前面提到过的道理相同，首先决定"出口"，然后再用"逆向思维"来思考。商家正因为充分考虑到最终可以盈利，所以开始时才免费发放商品。

补充说明一下，投资赚钱的方法大体可以分为两种。

一种是获得资产收益，另一种是获得利息分红。持有资产如果不卖出就不能获得收益。获得资产收益的代表性方法是买卖股票或是买卖不动产等。

利息分红是指出租不动产获取的房租等收益，是即使不卖出持有的资产也能获取的收益。

例如，买鸡后再卖鸡的人获得的是资产收益。饲养鸡的人卖鸡蛋就是获得利息分红。

汽车经销商先从汽车工厂集中采购汽车，然后再把车加价卖给消费者，获得的是资产收益。

而出租车公司是如何运营的呢？

出租车公司买进汽车后不转卖，雇人开车赚钱。这就属于获得利息分红。

所以，如果只靠资产收益，多少有些偏向"打工脑"的思考方式。

而"投资脑"，基本上以获得利息分红为主要投资目的。

> 与其卖鸡，不如卖鸡蛋！

16 男性脑和女性脑

法则

"打工脑"说"那个人听不懂人话"
"投资脑"因人而异改变说话方式

人们常说,女人的思考方式和男人的不同。

女人追求共情,男人追求结论。

因此我认为,在想要说服对方时,要根据对方的性别,相应调整自己陈述的顺序。

跟女人陈述一件事情时,最好按照这件事情的先后顺序来陈述。

因为她们大多会基于自己的经验,特别重视一般事实中存在的规律性。因此在理解时她们也是按照事情发展的先后顺序进行的。如果前一步她们不能理解,后一步她们就无法跟进。

对大多数女性来说,如果前面的话题没有理解,就不愿意转移到下一个话题。她们重视事情发展的顺序,"因为……所以……其结果会变成这样"。

而男人却不这样,跟他们说事情时,可以先从结论说起。

如果跟男人叙述时也按照先后顺序来表述,他们会觉得摸不着头脑:"为什么开始说这个?你到底想说什么?"可是,如果你一开始就告诉他们结论,那么他们就能耐心地听你细述是非曲直。

或许我们也不能完全按性别来区别对待。有些男人的思考方式也跟女性一样,重视事情发展的顺序。跟这些男性说事时,也一样按照先后顺序陈述就可以了。

那些话术高超或者被赞誉为擅长交际的人,一定会根据说话对象调整说话方式,俗称"见人说人话,见鬼说鬼话"。

不管你拥有多么好的信息,**如果不能正确传达给对方,也就毫无意义。**

因此,陈述内容的顺序尤为重要。

我们经常听到有人抱怨,"那家伙听不懂人话"。很有可能不是对方理解力有问题,而是你自己没有找到让对方明白的陈述方式，是你自己的说话方式有问题。

因此，我们的说话方式不要千篇一律，哪怕是相同的内容，也要根据对象或角色而进行调整，因人而异，改变说话方法非常重要。

> 按照"顺序"对女人叙述，要从"结论"跟男人谈起。

Step 2

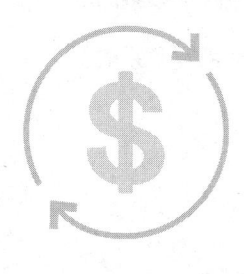

打造"投资脑",
每天养成好习惯

稍稍调整视角,成为被金钱青睐的人!

17 二·六·二法则

"打工脑"想要剔除"多余的"
"投资脑"想要活用"多余的"

在公司或学校等由很多人构成的集体中,按照"优秀""普通""差劲"划分比例,大致都是"二·六·二"(2∶6∶2)。

一般集体会首先剔除两成"差劲"的人,然后着力于培养剩下八成"优秀"的和"普通"的人。

但是我却认为,如果轻易剔除掉那两成"差劲"的人,就会造成很大的浪费。

虽然这是我的个人观点,但是一个集体能否取得飞跃性发展,关键就在于是否能让这些看似"差劲"的人发挥其应有的作用。

"差劲"的人也应该有其合适的职场位置，公司应该想办法让他们各尽其能。

他们的存在，使其他员工通过对比感到自己还不差。尤其是那六成"普通"的人会觉得自己比上不足比下有余，"我下面还有更差的"，自己还得再加把劲。

另外，越是"差劲"的人，越有其特别的可用之处。

尤其在公司陷入经营危机的时刻，常常要靠这些"差劲"的人大显身手才能起死回生。

我认为所谓的"好公司"，在公司经营顺利时员工可以各行其是，但在公司经营陷入危机时，大家一定要团结一心、众志成城。

而所谓的"坏公司"，在公司经营顺利时员工们团结一心，但在公司经营陷入危机时却一盘散沙、溃不成军。

我自己的公司也发生过类似的事。

在公司业绩恶化之际，那些一直以来很优秀的员工，一个个地申请跳槽走掉了，而且大部分都是被竞争对手挖走的。公司经营状态不好，员工们也如树倒猢狲散。这就是我说的典型的"坏公司"。

可是,那些"差劲"的员工,因为没有其他公司伸出橄榄枝,即使公司业绩恶化,他们也没有地方可以跳槽,只能留下来。

那么这样一来,"差劲"的员工们还会一直"差劲"吗?

答案是否定的。

他们接替了优秀员工所做的工作,实际上比那些优秀的员工,做得更好更优秀。

至今为止,大家认为他们是"差劲"的家伙,实际上不过是因为没有给他们提供发挥能力的职位,也没能给他们提供可以大放异彩的机会。我作为经营者负有很大责任。

另外,他们自身也有原因。"反正像我这样'差劲'的人,不会被委以重任,不会被期待……"他们大多工作态度不积极,还有些自卑。

如上所述,我们知道,那些被认为"差劲"的人,如果给他们提供机会,他们就能发挥出意想不到的工作能力。

因此我们要谨记,不要放弃那两成被判断为"差劲"的人,要多给他们提供人尽其才的机会。

可以说,这才是"投资脑"的思考方式。

"投资脑"考虑的不是"剔除多余的",而是"活用多余的"。

> 启用那些"差劲"的人,给他们提供人尽其才的机会。

18 信息质比量重要

法则

"打工脑"靠过去的信息判断
"投资脑"甄别读取真伪信息

近年来,随着网络技术的普及,世界上大多数的信息都能即时入手。个人也可以在网络上公开微博,或者上传动画。每个领域的人都可以在网上分享各自领域的独家信息。

我们从前无法获得的一手信息,现如今能通过网络迅速漂洋过海传达到世界各地。如此一来,我们每天都能免费接收到海量信息。

生活在当今这个时代,信息尤为重要。

可是同时，这也是一件非常"危险"的事。

信息有时可以救人性命，但有时也可以夺人性命。

有时候，信息隐藏着一种改变我们意识的"洗脑"作用。

以前就曾发生过这样的事。如喧嚣一时的维基泄密事件，其发布的信息涉及全球多个国家的政治机密，威力巨大。信息如果对己方有利就如虎添翼，如果对敌方有利则非常难以对付。

那么，我们怎样才能利用好信息，让它为己所用呢？

答案不外乎是得到**真**的信息。

那真的信息究竟是什么样的？

我在美国一家公司工作时，跟一个老员工学会了怎样甄别信息。

某一天，我被这位老员工指派准备一份资料。

我完成之后拿着资料去给老员工看。他问道："这个资料的信息源是什么？"我回答："今天的晨报。"

没承想这位老员工大怒："你是傻子吗？这样的信息，全世界都知道，还有什么意义！"

他继续说道："这只不过是前端信息而已。你要从各种各样的前端信息中预测出真的信息！你先把这些前端信息装在脑子里，然后通过你自己的脑袋，思考并读取出真的信息后再拿过来！"

他的意思是"过去的信息,只不过是预测未来的依据"。

比如,报纸上报道了"石油价格暴涨"。这已经是一个结果性的信息了,而且现在无法改变这个结果。

可是在其影响下,我们也许还能采取某些对策,或许还能找到机会大赚一笔。

也就是说,**养成预测未来的习惯**,如思考"此事今后对什么领域会产生怎样的影响"。

例如,对于"石油价格持续走高",我们能够预测到的是……

→ 汽车制造商的业绩恶化

→ 市场上 40% 以上的白金,用于制造汽车的消声器

→ 白金需求减少

→ 白金价格降低

……

另外,我还跟这个老员工学到了,因为信息利用方式的不同,信息对我们而言,"获益时为良药,受损时为毒药"。

有时候,有些信息是某些商家或机构为了欺骗别人故意泄露的。

有时出于商业目的或者宗教上的劝诱,"以洗脑为目的",对方会战略性地透露一些虚假信息。我们要小心这些虚假信息,不被它们所诱惑。我们要真正读懂这些信息,进行取舍判断,让它们为我所用。

在今后的时代,我们需要的不是前端信息,而是**交换情报**。这两者又有什么区别呢?

前者是任何人都可以平等得到的信息,而后者**只能从可信赖的伙伴那里得到**。

顺便提一下,美国的情报机关之一CIA(美国中央情报局)是英语Central Intelligence Agency的缩略语。CIA的I不是前端信息(Information)的"I",而是情报(Intelligence)的"I"。

我们投资家平时就会收集很多信息,而且比起投资内容,我们更重视信息源。我们只要了解是从"哪里得到信息的",就能判断出投资内容的真伪和可信度。

投资家都清楚,**不认识你的人,绝不会告诉你能赚钱的消息**。

大家怎么认为呢?要是能让不认识的人赚钱,是不是先让跟自己亲近的人赚钱更符合常理?人之常情本就如此,不能分享给家人的投资信息本身就很不靠谱。

并且,如果完全相信电视的报道也非常危险。

尤其是日本的新闻媒体被称为"垃圾媒体"，它在世界上的口碑很差。

正因为日本媒体需要支付高额的通信费才能传播信息，所以被传播的信息中包含着付费方的意志。因此，我们接收这些信息时就不能相信"电视或报纸上说的全是真话"，而要考虑"信息背后想要诱导我们相信什么"。

例如，在日本被报道成弹压民众的独裁者、前任利比亚最高领导人奥马尔·穆阿迈尔·卡扎菲，在其祖国和非洲诸国他就被人们尊崇为英雄。地域不同，对人的评价或对看待方式有很大差别。

大家要知道只相信片面的信息是危险的。

不如重点关注那些反对意见。

意大利的政治思想家马基雅维利就曾这样说过：

接近天堂最有效的方法是熟知去地狱的道路。

日本国内的新闻报道，跟美国的 CNN 或 NBC、英国的 BBC、共同通信社等，保持步调一致，偏向所谓的西方阵营。

我习惯去关注对抗阵营国家的报道，比如俄罗斯或伊朗等国的新闻媒体。对同一报道加以比较之后，我再甄别判断出真实的信息。

顺便提一下，网站使用的语言大多是英语，使用日语的只不过占几个百分比。我刚刚提到的俄罗斯或伊朗等国的信息，有些也是用英语发布的。因此，只要你懂英语，不夸张地说，你就能获得成倍的信息量。

> 如果想追求真理，就沿着财路走！

19 水阀法则

"打工脑"原样照搬接收表面信息
"投资脑"换成浅显的事物来思考

关于当今的经济问题,我们在看各种新闻或报纸中的分析时,都会觉得有些难懂,不好理解。

例如,投资家在某种程度上可以预测日元的升值或贬值,就很让人意外。投资家不像那些搞外汇贸易或买卖投机的人,每一刻都在关注汇率变化。我不是经济学家,不会分析汇率变化详细的内在机制,但是我也能预测日元升值或贬值等大体的动向。

我常常把外汇市场的变动,比喻成受到水阀开关的影响。

特别提款权亦称"纸黄金",由美元、欧元、人民币、日元和英镑构成，是国际货币基金组织在1969年创建的一种国际储备资产。例如，国际货币基金组织在支援希腊等国的财政危机时，汇入的既不是美元、欧元，也不是日元，而是这些货币的组合。

我认为世界外汇市场较大的变动主要受这几种货币的影响，而这几种货币各有自己的"水阀"，其中，欧元有两个"水阀"，一个是欧盟各成员国的中央银行，还有一个是欧洲中央银行。

大体上有这样的一种倾向，**即"水阀"关上时容易存钱**。当然，我并不能保证100%如此，因为万事皆有例外。

那我们就以2010年左右日元升值为例，一起来验证一下这个说法。

当时为了应对"雷曼危机"，美联储实施量化宽松政策，也就是"水阀全开"。

在那个时候，当时的日本央行行长白川方明坚守日元的紧缩政策，关上了日元的"水阀"。而欧洲有"双重水阀"，德国也实行紧缩性财政政策，因此欧元的"水阀"也处于紧闭状态。

如此一来，日元的"水阀"为闭，欧元的"水阀"也是闭，只有美元的"水阀"保持开的状态。因此，造成了美元贬值、日元升值，当时汇率是1美元＝100日元左右。

其后希腊财政危机爆发，欧元拧紧的"水阀"不得不打开，因此，这时候美元和欧元的"水阀"为开，只有日元的"水阀"保持关闭状态。因此，全世界的流动资金都汇入日本，导致日元大涨，汇率一度涨到了1美元＝80日元。

过了一段时间，在欧盟帮助下希腊财政危机解除，欧元的"水阀"再次关闭。这时候，美元的"水阀"为开，日元的"水阀"还是关闭的。因此，欧元的汇率上涨，股价也有所回升。可是，绝不是因为欧洲的经济变好而使股价上涨的，"水阀"关闭才是其要因之一。

之后，美国银行慢慢开始实施紧缩性财政政策，关闭了"水阀"。而日本为了迎合美国，大大开放了"水阀"。今后，世界上的货币又会如何流动呢？大家也预测一下看看。

电视上每天都有专题报道讨论股价或汇率。股价也好，汇率也好，都不过是现象和结果，我并不重视它们。

看新闻，最重要的是从事件的表面现象看透背后能读取的重要信息。

乍一看好像很难懂的事件或现象，我们替换成身边常有的事物想象一下，就能得到**真正的信息**。

首先，学会把难懂的事物换成浅显的事物来思考。

> 如果能掌握大局的走向，就容易发觉细小的异常之处。

20 意识法则

"打工脑"选择消极否定

"投资脑"选择满怀期待

"Master Mind"指的就是潜意识。

人们常说,要改变"行动",首先要从改变"意识"开始。

不管你如何改变装束,如果你的想法和意识不改变,那一切都无从谈起。

例如,某人开车引发交通事故后,重新买一辆新车来开。可是,如果这位司机没有改变意识,没有在行动上做到"一定小心驾驶,不能再引发事故",就不会有任何改变,他还是会再次肇事的。

重要的是改变意识；也就是说，必须铭刻在自己的潜意识里。

我听说"人在1天之中思考6万次"。

那么平均下来，1小时思考2500次，1分钟思考约41次。不过，据说其中80%都是负面的思考。

而且，据说我们的大脑每天自问自答10万次，10万次呀！

也就是说，平均计算下来，差不多1小时4166次，平均1分钟大约自问自答70次！我们的大脑在我们无意识当中，竟然思考和自问自答这么多次。因此，可以说潜意识能大大改变我们的人生。

意识改变，行动才能改变。

行动改变，习惯才能改变。

习惯改变，环境才能改变。

环境改变，条件才能改变。

条件改变，人生才能改变。

不管多小的成功，只要成功的次数一多，积累起来，就会

改变你的意识。

并且，最重要的是拥有自己明确的人生目标。

也许你读过太多成功人士写的成功法则，按照这些法则行事却始终未能成功，这到底是为什么呢？

那是因为你没有明确地规划出自己将来的目标："成功以后我想干什么？""为什么我想成功？"

例如，好多人减肥总不成功，也是因为同样的原因。

哪怕有些人暂时瘦了下来，也很快会反弹回去。那是因为他们没有"瘦了以后要干什么"这样具体的目标。比方说，有一个女人，她有非常明确的减肥目标，如"瘦了以后让我喜欢的人能喜欢上我"。这个目标是不是很酷？我觉得如此一来，她成功减肥的概率就非常高。

家长对孩子的教育也是同样的道理。不管家长怎样苦口婆心对孩子说"好好学习！"，孩子都不太听话。这也是因为家长没有明确地帮孩子规划好未来的目标，比如好好学习后未来可以从事什么职业。

一般来说，假如孩子有明确的未来目标，如"将来想做医生！""想当学校的老师！"，那么他就能发挥自驱力，主动学习，而不是想着"不学习家长会生气"。那样想的孩子绝不会养成自主学习的好习惯。

赚钱也同理。

赚钱也是为了达到某个目的。如果连赚钱本身的目的都不够明确的话，就不会有很强的动力去赚钱。

如果你只是"想当有钱人"却没有明确目标，那么还不如用心思考一下"当了有钱人之后干什么"。**有了具体目标后才更容易达到目的。**

我就常常能够活用潜意识。

我在创办一家新的公司时，总是先描绘蓝图，以可视化的方式呈现我的目标。

当我达成目标后，我会变成怎么样的人？我在享受成功和喜悦的时候是什么样子的？那时我会住在什么样的房子里，开着什么样的车？……我总是先去描绘和想象自己未来的样子。

另外，我每周都给自己空出一段自由思考的时间。每次2～3小时，闭上眼睛让各种事物在大脑中自由翻腾。我把这个时间称为"打扫心灵垃圾的时间"。关掉电视，不做任何事，只是发呆。有时候想改变一下环境，我会去泡温泉或者去海边闲逛。

不管多忙，我都会预留好这个时间。对我来说，这已经是"规定动作"。自由思考2～3小时，看起来好像是在浪费时间，但对我来说却很重要，是其他事情无法替代的。如果没有这个自由思考的时间,我心中就会烦闷郁结,浑身不舒服。

换个话题,我们的人生可以说是从早到晚一直在做选择题。

比如,早饭是吃面包呢,还是米饭呢?

今天是佩戴红领带呢,还是深蓝色领带呢?

A方案和B方案中,选哪一个更好呢?

有时候,我们会犹豫不决,不知道选哪个好。

这样的时候,你是如何选择的?

假如,你的潜意识是消极否定的,那么你在无意之间就会选消极否定的选项。长此以往,你的人生有可能也会变得"消极否定"。

因此,我们在犹豫不决时,一定要选能令自己兴奋起来、充满期待的选项。

如果两个选项都不能让你"兴奋期待",那就两个都不选。

因为勉强去做不会令自己"兴奋期待"的事情,任何人都坚持不下去。没法坚持下去的事,是不可能顺利成功的。

不过,可能有人会唱反调:对成人来说,有些事虽然令人厌烦也不得不做。确实如此,那时候就要从这些令人厌烦的事情当中,勉强找出可以让你"兴奋期待"的点。

如果有两个让你"兴奋期待"的选项,该怎么办呢?

在这两个选项当中,请选择"偏难的"那一个。

因为,越是困难,完成后的喜悦就会越多,自己也会成长更多。

> 明确的目标可以改变意识!

21 你想要什么 法则

"打工脑"主观地看事物

"投资脑"客观地看事物

我在跟人交往时,常常会想:"这个人想要什么东西?他真正的希望是什么?"

也就是说我在心中,总在默默地问对方**"你想要什么"**。

这也是作为投资家的一个日常小训练。

例如,某个地方有一个很好的招商项目邀请我参加。我会思考,有那么多投资家,对方为什么会选我呢?

而且,如果有许多人共同参与一个项目,我会分析每个参与者,思考他们想要得到什么。

因为，每个参与者对项目的期望是不一样的。

也许有的人想的是"报酬少点没关系，最好能得到实际业绩"；也许有的人暗怀鬼胎，目的是"让合作的那个家伙丢脸，让他倒霉"；也许还有的人想"通过参与项目，扩展自己的人脉"。

管理者通过预测并整理每个参与者的目的，能够避免因想法不同或者人不能尽其用等引起的麻烦。

美国著名的投资家沃伦·巴菲特就曾这样说过：

比起从麻烦中脱身，一开始就规避麻烦更简单些。

如果可以提前预测到对方在想什么，自然而然地就清楚自己该怎样做了。

经常训练自己从全局俯瞰，"客观地看待事物"，是构建"投资脑"非常重要的一环。实际上，我认为日本人还是比较擅长跳出来以第三者的视角客观地看待事物的。

世界上的传说故事，大多都以主人公的视角来叙事。而日本的民间传说故事则不同，经常以第三人称的视角来展开，如《桃太郎》中"在很久很久以前，有一个老爷爷和一个老奶奶……"。因此可以说，日本自古以来就习惯从全局俯瞰的视角来客观叙事。

大家试着灵活运用一下这种思维方式吧。

首先试着思考和了解对方希望达到的目的是什么。

养成从全局俯瞰的习惯后,会更容易接近终点目标。

> 每个人的目的都不一样!

22 动物园的狮子法则

"打工脑"满足于被投喂的饵料

"投资脑"想知晓饵料从哪里来

动物园里的狮子都是被关在围笼里的。
这是为了保护人类不受伤害呢，
还是为了保护狮子呢？

大多数人都会认为，这样做是为了保护人类不受到狮子的攻击。其实不然。

动物园里的狮子都被人驯养惯了，它们每天理所当然地吃着饲养员们投喂的食物。这些食物每天在固定的时间投放，而且被切割成块状。

动物园里的狮子跟野生的狮子不同,既没有必要自己狩猎捕食,也不用担心会饿肚子。

可是如果有一天,动物园里的狮子从围笼中被放出来,它们会怎么样呢?

自然界里可没有现成的切割成块的肉。狮子看到活着的牛,也未必能察觉到这就是平时吃到的成块的牛肉。它们即使看到农田里种植的胡萝卜和马铃薯,也认不出这是过去吃过的根茎类食物。动物园里长大的狮子,很难在自然界自主找到食物。

如此想来,所谓的围笼,其实是为了保护狮子而设置的。

可是,关在围笼里的狮子不知道这个事实,它在从围笼里走出来之前也觉察不到这一点。只有在束缚它的围笼被拆除后,它才有机会体验到这一点。虽然有那么短短一瞬间狮子会很开心,"啊,没了围笼束缚,我终于得到了自由!"但是,也只有真正到了这个时候,它才会发觉完全靠自己是活不下去的。

这就跟很多日本投资者的情形一样。

实际上,日本一直在用法律的"围笼"来抵御"外资"这个敌人的入侵。

1996年开始的"日本金融大爆炸"是日本政府实施的一次大规模金融制度改革，导致一部分"围笼"开始崩坏。

　　再加上2013年日本跨太平洋伙伴关系协定组织提案的实行，相当于这个"围笼"被进一步大规模地破坏拆除。

　　在经济全球化背景下推进自由贸易，本身无可厚非。可是在自由的经济世界里，自然规律是弱肉强食，强大的资本一旦摆脱束缚，它们就会不断吞噬弱小的资本。这对于弱小的民族经济来说，将是一件非常糟糕的事。

　　同样的道理在投资领域里也适用。

　　日本的企业过去一直由投资信托这个"被砍掉的饵料"帮扶经营。大家知道这种饵料的原型是什么吗？

　　以前，日本也被喂过一种名为次级贷款的"毒果汁"。大家知道里面掺加了什么吗？

　　它是一种非常复杂的金融衍生品，连其发明者都无法理解。

　　日本人一直被"投喂"的都是这类金融衍生品，相当于一直以来被这些"饵料"豢养着。

　　那么，当那些一直对日本经济起到保护作用的金融政策，也就是"围栏"全部被拆除时，面对今后弱肉强食的时代，我们又将如何生存下去呢?

当今时代,每个人都必须掌握真正的金融知识。

> 守护你的只能是你自己!

23 时间成本法则

"打工脑"认为只有钱是成本

"投资脑"认为时间也是成本

大家一起想象一下。

假如你很幸运地中了一个大奖。

奖品是每天你的银行账户都会汇入86400日元。

但是有一个附加条件。

假如这些钱你不去消费,让它原封不动地存在银行里,那么等到第二天就全部清零。也就是说,你中的奖金不能储蓄,只能消费。

那么,你会怎样使用这笔钱呢?

可是这个数字"86400"有整有零,它又是怎么来的呢?

其实，这是将 24 小时用"秒"换算而得到的数字。

1 天有 86400 秒。如果"1 秒 = 1 日元"，那么 24 小时计算下来就有 86400 日元了。而且，每天的时间我们也不可能存储起来。

你也许认为时间是"免费"的，可事实绝不是这样。说起来，我们的时间非常宝贵。我认为拿出自己的一部分时间通过提供"劳动力"来赚钱，就好像削减自己"一部分的生命"来换钱一样。

我觉得日本人这种**"时间也是成本"**的意识非常薄弱。

例如，一个主妇在比较两家超市的宣传单。她发现"旁边城镇超市 B 的香肠在打折，比家附近的超市 A 便宜了 15 日元，去那儿买划算！"，于是她决定哪怕远点也要骑自行车去旁边城镇买。

那么，真的划算吗？我们一起想想看。

就买香肠这个商品而言，确实便宜了 15 日元。但是她没有计算去旁边城镇所花的时间成本。

去超市 A 只需要花费 30 分钟就能完成购物，而去超市 B 却要花费 1 个小时。时间成本多了一倍。

这样想来，未必能说真的划算吧。

我从师傅那里也学到过有关时间的知识。

有一次，师傅在我面前将一个沙漏计时器倒过来，并问道："如果上半部的流沙相当于你的人生，你会怎么做？"

我还记得当时自己眼看着上面的沙子不断落下的焦灼心情。上面沙子的余量不断减少，我不能再去浪费时间做一点点多余的事情了，就连睡觉都是浪费，我必须马上去做点特别有意义的事。

我们每个人拥有的时间真的如同沙漏中因不断落下而减少的沙子。

虽然眼睛看不见，但时间绝不是无限的。就在我写下这些文字，而你读到这里时，时间也在一分一秒地流逝。而这，都是重要的成本。

如果你把时间比作金钱来考虑，就能看到以前发现不了的东西。

> 人的一生平均大约有三万天，
> 请珍惜余生的每一天！

24 四个目标法则

"打工脑"以"国王"为目标
"投资脑"以"公主"为目标

前面我曾说过,要"从结果和'出口'出发,逆向思考",在经营公司时也是如此。

我给经营者们做讲座时一定会提以下问题:

贵公司最终的目标是什么?
贵公司想要经营到什么时候呢?

经营者们都考虑过自己公司的"出口"吗?
如果你只想着"扩大经营规模""一直经营到倒闭为止",

那就没有什么必要设计经营战略。

说起来，公司的终点"出口"基本就是下面四个：

· 上市

· 转卖

· 清算

· 继承

估计没有公司从创建开始，就以清算为目标吧。那么，我们就考虑剩下的三种情况就可以了。

上市，打个比方就好像以"当国王"为目标一样。这个目标一般很难达到，可以说是终极目标。

确实也有继承一说，但是有时后继无人，也难以为继。

如此排除下来，剩下最可能实现的就是转卖。所谓转卖，打个比方，就好像一个公主找到了理想的伴侣并嫁给了他。自己一手拉扯大的宝贝公主，谁都想着她能嫁个好人家。

因此，我在创建公司之初，就已经在考虑"**最终将公司转卖给谁才是最理想的**"。

把转卖设定为经营的终点目标，在日本虽然不太常见，但是在欧美却非常流行。

例如，某个动画网站的开发者，从开始就以转卖给业界巨头网站为目的设计开发动画产品。而且,这家公司后来确实也成功被大公司收购了。

自己一手创建的公司能否被顺利转卖,是投资家首先要考虑的事。

例如,有人创建了一个小型汽车厂。假如是日本的汽车厂商,可能大多会意气风发地立志"我们也要成为丰田!""以第二个丰田为目标"。但是,这样的目标过于远大,也不切实际。

因此,不要把目标设定为自己成为丰田,而是将终点"出口"设定为"成为丰田想要收购的公司"。例如,考虑"丰田需要什么样的汽车零配件""丰田的弱项是什么""丰田还没有涉及的汽车领域是什么"等问题。在如此彻底研究丰田汽车之后,创建一家丰田"需要的""想买的"小公司,努力占据一定的汽车市场份额,最后将这家小公司卖给丰田。

成立一家新公司,在它经营走上正轨之后转卖;再成立一家新公司,再卖掉……如此循环下来,哪怕再小的公司,照此方式投资经营也会很赚钱。

如上所述,经营公司时必须考虑经营终点的"四个出口"。

> 与其当"国王",不如做"公主"!

25 超级明星法则

"打工脑"看重企业的领袖魅力

"投资脑"看重企业的平衡发展

有些公司里的领导者非常能干,有着"超凡领导力"。

撇开一些有规模的大公司不论,如果公司的领导者是那种"大明星",我是不会对其进行投资的。

可能有人会认为"有超凡领导者的公司,看起来更有发展前景"。

但是我们一起想想看:

如果这些公司没有了超凡领导者,会怎么样呢?

如果一家公司全靠某个超凡领导者一个人支撑,一旦这个领导者不在了,公司也会完蛋吧。正是因为全靠这样一个有领袖魅力的人，他像顶梁柱一样支撑着公司大部分的经营项目，所以公司才得以正常运营。

对我来说，一家公司最重要的是保持"平衡"发展，只有一个人优秀是不行的。

从这一点上来说，拥有"超级明星"领导者的公司，不能算是平衡发展的好公司。这个明星人物一旦不在会怎样呢？公司大概就不能正常运转了吧。个人能力在公司中所占比重太大，这个人一旦不在，所留下的"漏洞"也会过大。

日本好像对"名头"很是重视。"因为有那个名人在，没关系""对方是那家有名的公司，没问题"，大家会对一些有名的人或公司持有一种奇妙的信任感。那这种信任感又是从何而来呢？

这种情况不仅限于公司这类机构，其他许多组织机构也大都相同。

想想高中的棒球队和田径队就更好懂了。

明星选手在籍的几年间，竞赛队伍确实安枕无忧。但如果全依赖他一个人，不培养其他队员，等他毕业之后，竞赛队伍马上就四分五裂，再也出不了好成绩了。

一个队伍中只有一名队员拥有出色的能力，而其他人都成绩平平。而另一个队伍中，并没有人出类拔萃，但队员们都比较优秀,能发挥各自的专长。没有明星选手的队伍往往能够在最后的比赛中取胜。

同样的道理,在一家公司里,启动某个项目时,如果过于依赖一位"红人",就会很危险。

世间万物,平衡最为重要。

我们不要被"超级明星"带来的名声冲昏头脑,反而要冷静下来,判断是否过于依赖某人某物,做到对事物持有危机感。

> 比起有热门明星在的队伍,平衡发展的队伍常常胜出。

26 电饭煲和保温箱法则

"打工脑"想"蒸(挣)"大钱

"投资脑"让钱能"保温(值)"

有一家售卖套餐的饮食店,每天的客流量在 50 人左右。

可是,由于被电视节目《美味套餐特集》报道,饮食店引起了很多人的关注,一天的客流量暴增到了 200 人。这样一来,这家店铺仅靠原有的配置就有点运转不过来了。

在这里,我要问大家以下问题:

如果你是经营者,你会怎么做?

是增购能够做 200 份米饭的电饭煲呢,还是……

如果是我的话，就买一台保温箱。将原来能做 50 份米饭的电饭煲重复使用四次，把蒸好的米饭放进保温箱即可。

为什么我会选择这么做呢？

一旦电视节目的宣传效应消退下去，每天 200 人的客流量会变成每天 100 人，过不久，又会恢复到原来的 50 人。

想想看，假如你增购了能做 200 份米饭的电饭煲，会怎么样呢？

多余的电饭煲是不是闲置了？

但是，如果按我说的购买一台保温箱，用它来调节所蒸米饭的量，就可以一直使用下去。

电饭煲和保温箱这两个比喻，就跟"事业"和"投资"的道理一样。

事业是"电饭煲"，投资是"保温箱"。

"打工脑"只考虑蒸米饭本身，因此不断地换购更大的电饭煲。可是，随着事业扩大，设备投资也相应增加。等事业停止扩张时，大型设备却留了下来。

而"投资脑"考虑将事业这个"电饭煲"所获得的金钱，放入投资这个"保温箱"中保温。也就是说，"投资脑"不会考虑一味地蒸（扩张），而是同时考虑到如何保温（保值）。

我在 27 岁的时候，事业上遭遇了滑铁卢。

在公司业绩迅速增长而且收益不断增加的时候，我有些得意忘形，把公司的办公室迁移到了最繁华的商业中心。办公室的面积扩大了许多，房租也涨到原来的 5 倍。进而，我招兵买马，大幅增员，企图扩张自己的商业版图，为事业扩张准备了巨大的"电饭煲"。

但是过了几年，我从事的贸易行业急速转冷。这个时候危机才真正来临，我需要照常支付以前 5 倍的房租，还要给众多员工发工资。在公司收益一蹶不振时，每个月只是支付昂贵的房租和人工费用就已经让我捉襟见肘了。这都是早先对于"设备投资"用力过猛的后果。

我不得不退掉租在繁华商业中心的办公室，迁移到交通不那么便利的小房子里。当时我非常后悔，"如果在公司生意兴隆时多存些钱就好了"，但是为时已晚，再怎么哀叹也都是马后炮。在生意兴隆收益很好的时候，我没有明白赚到的钱要保留一部分以备不时之需这个道理。

在顺心遂意时要居安思危，保持危机感，扎紧钱袋子，量入为出。而在失意不顺时，反而要打开钱袋子，大大方方地拿出钱财来渡过难关。

> 电饭煲发生故障之际,才是保温箱发挥真正作用的时候。

27 金融专家并非真正有钱人 法则

"打工脑"认为证券经理都是金融专家
"投资脑"认为证券经理都是金融销售

提起金融专家,大家的脑海里会浮现出什么样的人呢?

大都是那些证券公司、投资公司的经理,或者银行职员吧。

那么,他们是金融专家吗?

回答是否定的。他们不是,他们只是金融产品的销售。

诚然,他们比普通工薪阶层工资高很多。但实际上,他们也只是工薪阶层,同样从公司拿工资。准确来说,证券经理并不是金融专家,而是"做有钱人的生意并收取手续费的专家"。

他们不会比有钱人更有钱。

那么,为什么这样的人能指导别人如何赚钱呢?例如,你会请教比自己球技还差的高尔夫球手吗?不会吧。同样的道理,金融专家实际上只是"金融商人"。

所谓金融商人就是向富裕阶层提供运用资产的建议,并兜售自家金融产品,从而得到信息提供费的人。

例如,证券公司的营销人员、被证券公司雇用的证券分析师、推销投资信托的银行经理,或者有理财顾问头衔的保险推销员,等等,他们这些金融商人会面向普通人开设投资课程,名义上普及金融知识,实际上煽动大家的经济恐慌情绪,目的是让大家购买对其有利的金融产品。

因此,金融商人们绝对不会说对自己不利的信息。

他们的宣传从来没有"一贯性",他们各为其主,自说自话。例如,推销股票的人开课,会拼命宣传"股票能挣大钱"。而搞外汇的人开课,又会说"今后外汇行情看好"。推销外国金融产品的销售们则会说"今后日本经济下滑,还是把资金转移到海外比较稳妥"。

普通民众被这些金融商人煽动,有的人明明自己没有赚那么多钱,却想着免税,在新加坡等被称为"避税天堂"的地方开立银行账号。有的人没有多少储蓄,却想在瑞士签约私人银行业务。不管是"避税天堂"还是私人银行业务,那些都是面向富人阶层提供的服务,对普通人来说根本没有必要。

如果不想被金融商人随便忽悠"割韭菜",首先要认清他们的真实身份,不要过于相信他们是所谓的金融专家。

> 证券经理不是金融专家,而是金融产品推销员。

28 "1/2×1/2 = 1/4" 法则

"打工脑"用"乘法"来思考
"投资脑"用"除法"来思考

许多人在创业时会有些担心,"一个人单干风险太大",所以会选择跟其他人一起合作。

可是我觉得和同伴一起创业,很少能取得成功。就算最初还算顺利,大多也会在中途发生矛盾。

开始时,同伴之间确实能互帮互助,对方有弱项自己也能马上顶上。可长此以往,弱势方一直依赖自己,形成了"1/2×1/2 = 1/4"效应。比起一个人干,其效率更加低下。

这种"乘法"的思考方式正是"打工脑"的。乘法被对方的乘数所左右，也就是不得不依赖对方。

而"投资脑"使用"除法"思维。我在这本书中多次提到过，要去除所有的浪费和风险。因此，相对于风险高的"半瓶水"式的伙伴合作，还是一个人单干的创业成功概率高。

我在上大学时，负债总额曾高达1900万日元。

那时候，我跟两个同伴约好共同创业，并且支付了300万日元，收购了一家小公司。这300万日元创业资金是由我一个人垫付的。

可是，真正接手公司后我发现，这家公司竟然还负债1600万日元，我们被骗了，成了"接盘侠"——居然用300万日元买了一家负债1600万日元的破公司。

我们三个人决定创业时曾约定"三个人一起干"，到了这个危急时刻，更应该团结一心、"齐心合力还上借款"，至少我当时是这么想的。

而结果却是，两个合伙人退缩了。他们在刚开始帮了一点小忙之后说："我们也没有支付创业资金，跟我们没关系……"他们就这样临阵脱逃了。

在那个时候，我就在心里暗暗发誓："我再也不跟其他人合作创业了！"

三个人都是"半瓶水"，结果就是半斤对八两，三个和尚没水喝，最后只能使出"$1/2 \times 1/2 \times 1/2 = 1/8$"的力气。

通过亲身经历我领悟到，我们因为不自信，为了弥补不安，会考虑跟其他人一起做事情。可是那样一来，反而不能充分发挥自己 100% 的能力。

如上所述，如果你认为跟别人组队就一定能合作共赢，甚至取得超出自己的实力、如虎添翼般的效果，那你就大错特错了！

大多时候，结果适得其反。

> 你会雇那些"半瓶水叮当响"的人吗？

29 把握流程 法则

"打工脑"听专家建议

"投资脑"让专家服务

某天下午,我在咖啡店里等人,无意中听到旁边两位女性的对话。她们俩衣品上乘,看起来家境优渥。

其中一位向另一位诉苦:"我前几天把车送去修理,结果收到账单才发现要支付一大笔钱。我跟我老公说了,他很生气地说贵得太离谱。真是太烦人了,怎么会这样呢!"

我一边听着她们的谈话,一边很想插嘴:"千万不能把自己不清楚的事情全权委托给别人做!"

这就跟那些不懂财务的经营者一样,他们将公司财务全权委托给会计师。

我在跟一些自己开公司的人聊天时，会问到他们公司的经营状况。尽管是他们自己的公司，但几乎所有的经营者都会说："不问会计的话我也不清楚。"

我很想反问他们："你自己名下的公司，难道是会计在经营吗？"

当然，我们都不是专业人士，没有必要了解得清清楚楚。

但是我认为，将一项工作全权委托给别人做的时候，有必要事先大体掌握其内容。

我自己在美国开公司时就是这样做的。

我下定决心，"所有事情都从头尝试做一次"。我没有专门聘请司法书士等人员，而是在律师的建议下，尝试着自己完成所有的准备工作。从文件制作到注册申请，整个流程全部由我一个人亲力亲为。

说实话，真花了我很多的时间和精力。

但是，也得益于此，我了解到注册一家公司的所有流程。

之后，当我开第二家公司的时候，我就全权委托给专业人士来做了。但是因为我大致了解过专业人员会按照什么流程如何做，因此也很放心。

全权委托别人,常常伴有风险。

经常有人仅仅以"知名大企业的股票,可以放心购买"为由来投资,这是非常危险的想法。

不要再做这种"甩手掌柜"了!

最重要的是,要在一定程度上了解整个工作流程之后,再做决策。

> 在做"甩手掌柜"前,必须了解整个工作流程!

30 狩猎和农耕法则

"打工脑"兢兢业业地存钱

"投资脑"兢兢业业地投资

其实，日本人非常适合做投资。

我这样说，你可能会很吃惊，或者觉得"不可能！"，持怀疑态度。

人们经常会觉得投资有些赌博性质。实际上完全相反。前面我也说过，投资的核心是尽量降低风险，将资产在保值的前提下传递给下一代。

日本在古代是农耕民族。

春天播种，

夏天去除杂草和害虫，

秋天迎来收获,

冬天保存粮食,以迎接下一个春天。

兢兢业业地耕作,踏踏实实地收获,就这样过了一年又一年。这种农耕的方式,跟投资的方式一模一样。

投资家跟古人从事农耕一样,为了能在银行存钱,兢兢业业、脚踏实地做投资。所以我认为日本人很适合做投资。

而欧美人在古代曾是狩猎民族。

例如,他们出门狩猎,想捕获一只毛象,但并不一定每次都能顺利抓到。可是,一旦能够杀死一只毛象,那将是一场巨大的胜利,他们就可以在一段时间内不用再担心食物,安心地生活了。

谁能捕获大型动物,谁就能高枕无忧。古代欧美人在狩猎这件事上,确实具有一定的赌博性质。

我认为狩猎民族很难一生全靠狩猎为生,因为人的体力随着衰老会自然下降,很难能够一直打到猎物。而且猎物什么时候会出现、会在什么地方出现,都无法保证,这些都加大了狩猎的难度。

因此,古代的欧美人需要在年轻力壮时多多捕获毛象,然后交换成鸡或者牛、山羊等饲养起来。即使将来年老体衰,也能保证有食物可以果腹。

这就是投资的本源所在。

下面这段话,直接说明了日本和欧美的不同。

日本社会通过教育或训练,让国民掌握并传承技术和知识。

与此相反,欧美社会则通过工具的进步来促使社会进步,是一种"工具的文明"。

(出自《江户的智慧》,养老孟司、德川恒孝,PHP研究所)

欧美的文化促进了金融这个工具的发展。可是工具会变旧,不久会坏掉。

而被人掌握的技术和知识蓄积在人的身体当中,不会坏掉,还能够通过前人传承给后人,不断发展下去。

我认为,这才是投资家应走的道路。

> 春天播种,秋天收获。

31 双手捧水法则

"打工脑"想要资产增值

"投资脑"想要资产保值

用双手捧水和把水留在手中不洒出来,哪个更难呢?

还是把水留在手中不洒出来这个更难一些吧。

这是我跟师傅学到的。

对待金钱也是同理。

比起赚钱来说,确保赚到的资产不减少要难得多。

并且,如果想要尽量长时间地保持捧在手里的水量不变,你会怎样做呢?一直用手捧着的话,水还是会从指缝之间不断地滴漏。

为了保证捧起来的水不减少,首先需要一个容器。如果这个容器太小了就装不下。如果容器上都是洞，水就会迅速漏光。因此，我们首先需要寻找一个大小合适、没有洞的容器。

我这是在打比方。

假设"捧起的水"等于赚到的钱，"保存水的容器"就是投资。因此，我们必须慎重选择，甄别这个容器有没有漏洞、它的大小是否合适、跟自己的目的是否相符。

你会选择什么样的容器呢？

是股票吗？

还是不动产？

或者是黄金？

大部分容器，都有漏洞且四处透风。比如"税金""手续费"等都是漏水的洞。

我们要通过学到的知识和具体的战略来堵上它们。

> 比起赚钱来，更要思考如何把钱留下。

32 细菌繁殖 法则

"打工脑"为金钱工作

"投资脑"让金钱工作

下面是我师父给我出的谜语。

大家看看会回答吗?

某个泳池里有细菌在繁殖。

细菌一分钟繁殖一次,数量增加一倍。

30 分钟后泳池的一半已被细菌覆盖。

那么,泳池完全被细菌覆盖一共需要多长时间?

请在 10 秒内回答。大部分人回答"60 分钟"。

那我来公布正确答案吧。

答案是"31 分钟"。

是不是很意外？竟然这么快。

这个谜语可以用来简单说明复利的收益。

并且，这个复利的法则，被爱因斯坦评价为"20 世纪最大的发现"。

但是，大家想过没有，谜语中的细菌如果是钱的话，会怎么样呢？

如果是复利，随着时间流逝，其威力会加速变大。

并且，资产会"繁殖"资产。

就是**让钱生钱**。

例如，假设本金 100 万日元，年利率 10%。

如果是单利：

→ 1 年后，110 万日元 – 20% 所得税 = 108 万日元

→ 2 年后，100 万日元 + 8 万日元 + 8 万日元 = 116 万日元

→ 7 年后，156 万日元

而如果是复利：

→ 1 年后，110 万日元 + 110 万日元 ×10% = 121 万日元

→ 2 年后，121 万日元 ×121 万日元 ×10% = 133.1 万日元

→ 7 年后，大约 194.9 万日元

假如本金是 1000 万日元，单利和复利之差可达到 400 万日元之多。

说起来，复利有一个方便的计算方法"72 法则"。

利率（%）× 年数（年）= 72

利用这个法则，我们可以算出本金几年后可以翻倍。

假如，30 岁时本金为 300 万日元，到 60 岁时存满 30 年，如约定有 20% 的复利，那么 300 万日元在 30 年到期后，连本带息有 7.1212 亿日元。

顺便提一下，假如复利率是 30%，则会达到 78.5999 亿日元。

假设还是 300 万日元的本金，约定存期是 20 年。复利率如果是 20%，则是 1.1501 亿日元。复利率为 30% 就是 5.7015 亿日元。

假设本金不变，复利率同样为30%。约定存期20年，到期后是5亿日元；而约定存期30年，则到期后就会膨胀到78亿日元。短短10年存期，差距如此巨大。

因此，大家也能明白，对投资者来说，"时间"是多么重要。

但是，我们真的能期待有那么多的利润回报吗？

如果投资不动产的话，20%以上的复利是可以实现的。

正确的投资，越早开始越好。

比别人先一步学习投资知识，并先一步开始投资，绝对是正确的选择。

并且在投资完成后，不用做任何事情，利润会随着时间流逝自然膨胀，也不需要特别的技巧。只要遵守投资规则，任何人都能成为百万富翁。

> 越早开始正确的投资，越早变成百万富翁！

33 金钱流动 法则

"打工脑"认为钱是产出的
"投资脑"知道钱是流动的

你们知道"黑海沿岸的小村庄"这个故事吗?

这是我在网上偶然看到的。读着这个小故事,我深有同感,"写得真好,正好用来说明经济体系中的一个重要环节"。在这里我特别想跟大家分享一下。

在黑海沿岸有一个贫穷的小村庄。

有一天,一个旅行者来到这个村庄。他进了一间旅店,说:"我想住一晚,有房间吗?"随后他从口袋里拿出钱预付了房费。之后,他就出门观光了。

旅店老板因为在附近的肉店有赊账,所以他拿着旅行者预付的房费,跑到肉店去还账。

肉店老板曾在村里的养猪户处赊账,因此,他也拿着钱跑到养猪户那里,还了欠账。

养猪户还欠着猪饲料钱,因此他拿着钱,跑到饲料贩卖商那里平了欠账。

饲料贩卖商在一个妓女那里赊了账,因此,他拿到钱后跑到妓女那里还了欠账。

而那个妓女在前面那家旅店留有赊账。她拿到钱后,马上跑到旅店老板那里,还清了欠账。

这时候,刚才要住店的那个旅行者回到旅店,他说:"这里没什么风景可以看,我不住了,我要回去了。"他让店主退了预付的房费,离开了这个小村庄。

在这个过程当中没有人真的赚到了钱。但是旅行者的钱转了一圈下来,村里的人各自都还清了债务。

这就是经济体系中的至关重要的一环。

也就是说,钱不是生产出来的,而是流动的。

> 利用好金钱的这个流动的本质,全世界的债务都能还清。

34 自然流向法则

"打工脑"为自己花钱

"投资脑"为别人花钱

水等自然界的物质都是从上往下流动的，而金钱则是从下往上流动的。因此有钱人越来越有钱，而穷人则越来越穷。

那么，只重视金钱，人会变成什么样子呢？

因为违背自然界的规律逆向而行，运气的流向也会逆向而行。于是，人的运势会变差，有时甚至会损害健康。

大家知道在洗澡桶里如何利用水流远离污垢吗？

你在洗澡桶里发现有污垢浮在水面上，假如你想让污垢远离你，用力向外泼水。因为水是对流的，污垢反而离你更近。相反，假如你向内拨水让污垢靠近，污垢反而会离你越来越远。

洗澡桶里的污垢跟我们想要的金钱一样。

我在刚开始创业时也野心勃勃，理想远大，想"为这个社会贡献些力量"，并扩张自己的事业版图。

可是，在不知不觉之间，随着公司开始盈利，我逐渐变得只追求利润。不久之后，我完全被金钱蒙蔽了双眼，哪怕违背自己的初衷，也要想方设法赚钱。

结果怎么样了呢？

不可思议的是，我的收入竟然不增反减。

我发现在不知不觉之间，周围的朋友已经换了一批人，身边的朋友确实更多了，但他们都是一些爱慕虚荣的人，大多以收集高级手表等为荣。我厌烦了周围都是这类爱慕虚荣的人，自然而然抱怨也增多了。当时我交往的女友就跟我说："既然那么讨厌他们，不交往不就好了嘛！"

我也思考过："为什么增加的都是这类朋友呢？"答案大概就是物以类聚，金钱只能吸引到这样的人吧。

当时，我顺着这条路走下去，遭遇到了人生中最大的失败。过于追求金钱，让我失去了九成左右的财产。

我过于追求金钱，吸引到的不是金钱，而是被金钱控制的人，其结果就是反而被金钱所厌弃。

"钱！钱！"如果只考虑自己想要赚钱，金钱反而会逃走。

相反，为了帮助他人使用金钱，金钱反而会自然而然地聚集到自己身边。

> 水从上往下流，而金钱从下往上流。

35 假设 法则

"打工脑"预测结果

"投资脑"假设目标

我在决定一些事物时,一般不"预测"结果。

但一定会进行"假设"。

那么,预测和假设有什么不同呢?

预测是一条单行道,一旦预测的结果有错误,就没有其他方案了,事情也就结束了。

而假设已经确定了答案(目标),下一步就是进行反复的实验,看看如何能够实现这个目标。也就是说,假设还可以继续进行改善和修正。

因此,若这个假设不准,那就重新假设,重新开始做实验。

假设不是一次定胜负，而是在实践过程中多加改善以实现目标。假设可以多次修正，重复实验，直到成功为止。因此，假设的成功率很高。

另外，在假设实验的过程中，不是只从一个方向推导出答案，而是从各个方向来推导验证，从多种角度看待事物，以大大降低失败的风险。

制订计划是"预测"。

制定战略是"假设"。

计划一旦制订就很难改变。并且，人们在无意识当中就自然认为，既然制订了计划就必须执行。

这样一来，就只能让自己去适应计划。

而假设不是计划，确定好目标之后，在实践的过程中非常自由，绕点弯路也没关系。

顺便补充一下，没有计划实际上也不错，也许会有改变自己人生的奇妙邂逅。

> 不要预测结果，而要进行假设。

36 无用之用 法则

"打工脑"舍弃闲聊认为无用

"投资脑"从闲聊中寻找商机

人们常常认为的无用之事,是"不做也可以"的事,是"做了白做"的事。我却不这样想。

我甚至认为,**无用之用,方为大用**。

例如,那些伟大的灵感大多在闲聊时产生,而不是在办公室里一脸认真地促膝商谈而来的。

在有的人看来,闲聊也许是无意义的社交,认为这样做浪费时间,"这个时间就开始喝茶聊些没用的"。可实际上那些非常重要的灵感多出自闲聊。

人们在闲聊时的状态和工作时不同,精神放松,思维自由。

大概是因为在这种时候，人们大多不受工作上的立场和规矩约束。

还记得书中前面提到过的"黑羊"吗？它也最容易在闲聊时出现。

出席公司会议的时候，人们必须做"白羊"遵规守矩。但是一直做规矩的"白羊"，人们就不可能产生奇思妙想。只有跳出围栏做"黑羊"时，头脑里才能闪现出创新性的方案。

另外，做一些无用之事、无聊之事，还有一个好处，那就是少有竞争对手。因为越是荒唐、荒谬绝伦的事，去挑战的人就越少。

越是别人不可能做的"荒唐无稽的事情"，竞争对手就越少。这时候如果自己试着去做，成功的可能性就更大。

追根究底，所谓"无用"，到底是对谁来说无用呢？

大概仅仅是被周围旁观的人随意判定为"无用"吧。

实际上，我们观察周围的成功人士就会发现，他们看起来都在做一些无用之事。可我认为，正是因为他们心有余力，才有空做这些貌似无用之事吧。

> 做无用之事好处多多！

37 购买消费品法则

"打工脑"用现金购买消费品
"投资脑"用资产购买消费品

用资产购买消费品!
这也是我多次在研讨会上跟大家分享的经验。

例如,选择两个人,各给他们 500 万日元的现金,并跟他们说:"可以任意支配这笔钱。"

小 A 用这笔钱买了一辆价值 500 万日元的车。

他使用现金支付这笔钱,在脚踏上油门的瞬间,这辆新车就变成了一辆"二手"旧车。其价值就降低到了 400 万日元。

而 5 年之后，这辆车几乎不值什么钱了，即使转卖也卖不了多少钱。汽车这种商品就是一种纯粹的消费品。

而小 B，同样拿到了 500 万日元，他用这 500 万日元做首付贷款买了一套价值 1500 万日元的不动产，然后租出去。去掉每月的贷款和各种手续费，每月还有 8 万日元的收益。

小 B 用这 8 万日元，再次贷款，购买了跟小 A 同款的价值 500 万日元的新车。他用房租收入还车贷，也开上了新车。也就是说，他用不动产收益购买了汽车。

不仅如此，他同时还保有不动产。

如此一来，小 B 同样花费了 500 万日元，不但购买了不动产，还购买了新车。

再加上他一直能得到房租收入，他若想买第二辆新车，手里的不动产还能帮他再次买到。

如上所述，用现金购买消费品，消费之后就什么也剩不下了。

而经由购买资产，再利用资产收益购买消费品，最后还能留下资产。

如果是你，你会怎样选择呢？

我们所说的投资家都是像小 B 这样操作的。

这也是任何人都能做到的。

> 想要新车,就用不动产收益来买!

38 硬件・软件・资金

法则

"打工脑"创业全靠自己备齐所有硬件

"投资脑"具备优秀的软件就开始创业

公认的商贸必备三大要素是:

1. 人
2. 东西
3. 资金

而投资家考虑的三大要素却是:

1. 硬件（组织架构）
2. 软件（经营内容）
3. 资金

所谓硬件，是指不动产之类的建筑物，有时也被称为"箱子"。

而软件就是"具体想要干什么"等经营内容。比方说，是开饮食店呢，还是经营高级公寓呢？诸如此类。

所谓资金是指"投资基金"。

在海外，有很多非常豪华的餐厅，它们动辄花费几亿日元打造。但实际上，餐厅经理对设备的投资并没有花费1日元。

那么，这些豪华餐厅又是如何策划筹备开业的呢？

在日本，很多情况下，创业者都需要自己亲力亲为筹备硬件、软件和资金。

换句话说，场地也好，运营也好，还有资金，全部都要靠自己。

但是在海外，只要有优秀的软件，无论是硬件还是资金，都会随之而来。

例如，某地有一家味道好、口碑棒的小餐厅。

而投资家们拥有硬件和充裕的资金，却没有软件。他们一直在寻找"优秀的软件"。当他们发现了这家拥有优秀的厨师、好口碑的餐厅时，便毫不犹豫地主动伸来橄榄枝。结论虽然有些令人意外，但实际上硬件和启动资金确实不难得到。

顺便补充一点，餐厅经理的目的是使餐厅生意兴隆。

可对于投资家来说，餐厅生意好不好不是重点，他们的最重要的目的是"能够稳定地定期收到房租"。只要餐厅生意好，就能长久经营，那对于投资家来说，就有利可图。因为他可以获得稳定的不动产收益，即房租。

比方说有人投资 2 亿日元开了一家餐厅，只要每年收到相当于 10% 的 2000 万日元房租收益就已经很不错了。

但是，假如餐厅经理自己融资借贷 2 亿日元开餐馆，那这 2 亿日元都是借款，后期还贷压力巨大。这样一来会大大增加餐厅的经营成本。有时过大的还款压力，甚至会导致餐厅经营不下去。

但是如果由投资家出钱、餐厅经理来经营，那么这个运营风险将大大降低。

这种借鸡下蛋的经营方式，在日本也许不太常见，但在欧美却比比皆是。因此，哪怕你没有创业基金，也没必要气馁，不要放弃自己的梦想。只要你有优秀的软件——经营内容，就一定会有伯乐投资家出现，帮你实现梦想。

例如，日本六本木的新建商圈，在大楼建成之前就已经跟承租方的外资旅馆签订了合同，在图纸设计阶段就已开始按照旅馆方的要求设计房间了。

之所以能做到如此地步，就是因为大楼的真正房东判断外资旅馆是一家有实力的公司，租赁给它，房租收入会有保障。

而旅馆的经营方，因提前签约省去了初期的设备投资，房租也可以靠经营旅馆来支付，相对来说，减轻了很多成本负担。

我们常见的店铺或旅馆倒闭有许多原因，其中最大的原因就是初期设备投资的成本太大，从而造成经营困难。如果按照我说的这个借鸡生蛋的方法来经营，将大幅减少经营风险。

也就是说，这样做，对投资方和经营方都有好处，双方合作共赢。

> 哪怕开业资金为零，照样也能开店！

39 国王和剑 法则

"打工脑"将一半以上的资产存入银行
"投资脑"将钱花在刀刃上而物有所值

比较美国和日本的家庭资产结构就可以发现,美国人的银行存款占总资产的比率在13%左右,而日本人的银行存款占总资产的比率则在50%以上。

换言之,日本人把一半以上的资产都存在银行,其"现金存款"在总资产中所占比重最大。需要补充一点,在美国,人们将一半以上的资产用来购买债券或者投资信托、股票等金融商品。

我听到这个数据,就深深觉得"日本人真的是浪费了好多投资机会"。

之所以这么说，是因为我觉得**金钱只是赚钱的工具**。

我们把金钱比喻成剑，一起来思考一下。剑是工具，是国王为了跟某人战斗或者为了保卫国家，让工匠锻造后收集在武器库里的工具。一旦有战事发生，国王召集国民保家卫国时，这些剑就要被拿出来，发给士兵使用。

但是，我们观察日本现今的情形，这些剑（金钱）确实被好不容易地收集并积攒起来了。不过人们担心它会折损，不舍得去用它。结果就是让它们躺在银行的金库里睡大觉。

或许，只是因为人们不知道如何巧妙地使用剑。

为什么会导致这样的事发生呢？

那正是因为缺少目的，即不清楚"为什么"存款。缺少目的的结果就是，收集和积攒本身成了目的。

剑本来是为了战斗而收集起来的工具，如果不去使用就没有任何意义。

正因为有明确的目的，比方说具体要使用在战场上，才会有意义，剑才能发挥其真正的作用。

金钱也是同理。

钱不应该用在那些天马行空的投资战略上，而应该花在刀刃上，花在理性的投资上。

因此，我们需要明确自己的人生计划，搞清楚自己为什么需要钱。

> 即使再出色的宝剑，如果一直不使用也会生锈。

40 说出的愿望往往落空 法则

"打工脑"尽可能跟更多人谈论梦想
"投资脑"甄别选择分享梦想的对象

我们经常听到人们说:"如果想实现自己的愿望,就尽可能跟更多的人谈谈自己的梦想吧。"可是事实上,很多人哀叹"我明明拼命地跟别人诉说了愿望,但是却很难实现"。

我对此持不同意见,我认为,如果跟别人说出了愿望,原本能实现的愿望也会变得很难实现。

尽可能跟更多的人分享自己的梦想，这种说法本身就有问题。其问题在于到底跟什么样的对象分享。不分对象就高谈阔论没什么益处。

因为你跟别人谈论自己的愿望，有时候反而会得到一些负面的信息。

有的人会拖后腿，并不一定所有人都愿意帮助你实现梦想。有的小人会把你拉下去垫在脚下，自己爬上去。我前面也提到过，因为身边有些人害怕、妒忌你的变化、你的进步，他们会故意拖住你，不让你前进。

这样一来，你跟别人分享愿望，也许会适得其反，有时候甚至会导致你离自己的梦想越来越远。

过去，我也曾认为跟别人分享愿望有用，把自己想好的创意点子、自己想做的事情跟别人分享。但是好几次，我的创意都被别人抢先实施了。我说者无意，他们听者有心。这样的事细数起来真是不胜枚举。

我切身地感受到，不分对象谈论愿望，事实上反而使愿望更难实现。

最重要的是**选择分享愿望的对象**。

如果对方是能跟你共享智慧的对象，你不论怎么分享自己的梦想都没有关系。

日文的"实现"写作"叶う",左边是一个"口",右边是一个"十"。

意思是说,用嘴巴说过十次的愿望很容易实现。但我认为,它的本意并不是不分对象跟谁都说。

重要的是跟志同道合的人说。

如果不选择对象,会造成恶果,跟人分享反而会导致愿望更难实现。

> 慎重选择分享愿望的对象。

41 与成功人士见面法则

"打工脑"想着"见不到吧"早早死心
"投资脑"想着"去见见看"碰碰运气

如果有人对你说"能见到比尔·盖茨！"，你会有什么反应？

你相信这句话，还是根本不相信，觉得"不可能"，一笑置之呢？

大多数人即使想见一见比尔·盖茨这样的大人物，也会认为"那样的人一定很忙，没有时间跟我见面。话说回来，他怎么会搭理像我这样的普通人呢"，自己就先说服自己掐断念想了。

但实际上那些真正的成功人士，只要你事先跟他们约好，就能顺利见到面。这是不是有些出乎意料呢？

我想先问问你，如果你想跟比尔·盖茨见面，那么你曾尝试向微软公司打电话要求见面吗？或者你曾尝试写信跟他取得联系吗？

我的意思是，在臆想对方如何反应之前，你是否采取了一些具体行动呢？

我不知道比尔·盖茨是否能真的答应跟你见面。

但是，如果不试试看，那么任何事情都无法断言。

不要去认为"那个人很厉害，跟我差距悬殊，怎么可能见到他？"，而是要首先考虑："怎样才能见到像比尔·盖茨那样的大人物呢？"

假如什么都不做，那么不管过了多久，都只会停在"0"这个起点。就跟下棋一样，你不走出第一步，棋盘上的棋子永远是一动不动的。

可是，当你开始行动起来，挪动棋子，哪怕只走了一步，也是"+1"。一动不动的"0"，不管乘以多大的数字都还是"0"。一旦你成为"1"，就不再是原地不动了。

只要开始行动，即使这次失败了，本身也积攒了经验。

只要基于自身判断做出积极的努力,好运就一定会眷顾你。

我们不要只在头脑中简单推论出"不行",早早死心,放弃行动。

如果自己想见到某位超级成功人士,那么就去碰碰运气,试试看好了。

这种勇气才是改变你未来的关键。

> 去见比尔·盖茨吧!

Step 3

今后都不为金钱所困!
"投资脑"的思考方式

生活发生改变!未来一片光明!
期待日日是好日,每天都有好事发生!

42 认识有钱人 法则

"打工脑"尽量节省机票钱
"投资脑"努力购买商务舱

我经常被人提问:"怎样才能结识有钱人呢?"

"结识有钱人"的确是改变自我意识最有效的方法。每天只是跟职场的同事朝夕相处,对大家来说没有任何刺激。

只依靠自己的眼睛和自身感知,潜在意识很难受到刺激,它会进入睡眠状态。而努力认识不同的人,可以刺激我们的潜在意识。

那么,到底在哪里能够认识有钱人呢?

我们能接触到有钱人的地方,不外乎飞机的商务舱、酒店的行政楼层等。

我认为这些地方都是你稍微努力一下就可以够得到的范围。

首先，乘坐飞机的商务舱，因为大家目的地相同，很方便搭话。请跟旁边座位的人打个招呼吧。头等舱是完全独立的小房间，但商务舱没有隔断，还是比较适合搭话的。到达目的地之前，你跟邻座要坐在一起几小时到十几个小时。这时候跟邻座聊聊天很容易拉近关系。那么，等你乘坐商务舱时，就试着鼓起勇气，跟邻座搭搭话吧。很多时候你会得到意想不到的机会。

我以前就曾在乘坐商务舱时，认识了某个有名的歌手，还认识了美国货运界巨头、某外资银行宣传部部长等。我跟他们至今都保持着联系。

另外，酒店行政楼层的行政酒廊里也有很多机会。行政酒廊一般免费提供酒水，并且早晚都有很多高级管理层的精英在此休息。进入行政楼层后，请大大方方地跟人打招呼。我想即使你不主动打招呼，人家也会跟你打招呼（笑）。

我在香港住酒店时，就曾连续三天在行政楼层的行政酒廊里，遇到了印度尼西亚排名第一的大财阀。三天中我跟他随意聊天，临别时拿到了他的名片，才发现他"原来身份如此显赫"，很是震惊。

后来，我们联系上了。在他的公司想要进驻日本时，我为他介绍中介，有机会给他帮了一点小忙，成了朋友。至今为止，我们以及彼此的家庭之间都有着长期稳定的交往。

也许有人认为"酒店只是睡觉的地方，花费大价钱不值得"。我认为这样想会错失结识有钱人的良机。

因为这样一来，你就永远没机会结识那些大人物。你乘坐飞机的经济舱，就不可能跟有钱人成为邻座。你一直入住酒店普通楼层，也就没有机会见到高级行政管理人员。

人和人的相遇正是茶道所说的"一期一会"，**一生只有一次机会**。我认为绝对有**用金钱都买不来的价值**。

并且，我在前面也提到过，正是那些看似"浪费"或者"无用"的事物当中，才潜藏着重要的信息。

在这个意义上，我至今都有些遗憾，因为我没做过那些在年少轻狂时才做的"荒唐事"。比方说，拿着100万日元去银座的高级俱乐部消费，把一大摞钱放在桌子上说："今天就把这100万日元全部买酒喝掉！"当然，我不知道俱乐部会不会让我进门。到底会如何，是不是很让人期待（笑）？

也许有人会认为"那可真败家"，但是，我想趁着年少轻狂时，去体验一下那样灯红酒绿的世界，那也是一种很好的社会学习。

被称为"一流"的客人们究竟是如何生活的呢？另外，俱乐部的招待们又是如何应酬他们的呢？还有，像我这样的"愣头青"突然出现在店里，他们一定会觉得"这个小伙子，可真有趣"，会对我留下深刻的印象。

我要补充一下，我在年轻的时候确实没有那么轻狂过。但是在很多年后，我确实尝试做了同样的事。于是，银座俱乐部的老板娘记下了我的人情，给我介绍了各种各样的人脉资源。因此，我在那里花掉的 100 万日元就当作事业开展的广告费了。

> 尽量近距离吸收有钱人的能量吧！

43 现金最不值钱法则

"打工脑"喜欢现金

"投资脑"讨厌现金

我听曾祖母说过,在早先的日本明治等时代,2000日元就能建造一栋旅馆。

据说箱根的富士屋旅馆,就是当时的老板用卖了5头种牛的1250日元改建而成的。为了改建成西洋式旅馆,他用这1250日元购买了旅馆原址的土地和建筑物等,还包括使用温泉的权利。

打个比方,假如我曾祖母是一个有钱人,她给我们留下了2000日元的现金。

当时的2000日元非常值钱,可以建造一栋旅馆。可是现在的 2000 日元能买什么呢？

不要说旅馆了，就是一般的普通不动产也买不到，最多能买一个普通比萨吧（笑）？

那么，假如曾祖母当时用这 2000 日元买了土地（这里假设不考虑遗产继承税），会如何呢？

现今，这片土地的价值是多少呢？

因为在当时 2000 日元就能够建造一栋旅馆，按照现在的现金价值来换算，大概已经达到了数百亿日元了吧。

因此，可以说"现金是最不值钱的"。

你听到"通货膨胀"这个词，会怎么想呢？

是不是会有一些不好的印象？

比如"工资不涨，物价疯涨，太难啦！""买不起东西，活在这个世上可太难了"，等等。

通货膨胀，换言之就是金钱的价值降低。我认为这是理所当然的事情。

可是，对投资家来说，通货膨胀都在意料之中，**他们通过投资，有效抵御了通货膨胀的影响。**

在美国，有这样一种说法：只要你持有一只股票 20 年不变，就绝不会亏本（当然，要以企业没有倒闭为前提）。

对投资家来说，并不是花钱"购买"不动产或者股票这样的商品，而是将金钱"置换"成另外一种形式的资产。

只要你置换好 20 年后也坚挺的公司的股票，那么 20 年后你就会获得相应的收益。

> 现金最不值钱。

44 重要瞬间法则

"打工脑"总是工作最优先
"投资脑"清楚什么最重要

"为了这重要的一瞬间,哪怕奉献我的一生也在所不惜",我们需要明白人生中什么最重要,并且为了它,有勇气抛弃其他一切利益。

我在美国时,曾碰到过这样一件事。

某个投资家伙伴申请了年假,跟家人一起去拉斯维加斯度假。

在这期间,公司里发生了重大紧急事件。如果错过这一千载难逢的好机会,将造成几百万美元的损失。

我心想,"这可不行,得马上把他叫回来!"于是给投资伙伴打了电话。你们知道他是怎么回答我的吗?

他说:"我不回去。"

"这次的度假,是我跟孩子在半年前就约定好了的。如果我现在就回去,无法跟孩子交代。我认为家人最重要。为了跟家人在一起度过重要的一天,哪怕我一生一事无成也无怨无悔。"他继续说道。

那么,他真的因此损失惨重、一生一事无成了吗?

答案是"不",实际上并没有损失惨重。

因为周围的人都动了起来,"在他回来之前,想方设法扛过去"。正因为他明确表达了自己的人生哲学,"在他的心中,家人的地位竟如此重要!他有着强大的意志和坚定的心性,我们一起支持他吧"。因此,周围的人自然而然地行动了起来。结果是众志成城,公司安然渡过了难关。

如果是日本的工薪阶层,即使是在度假,一旦公司有工作,"抱歉,有工作!"他们会马上返回公司加班,因为他们认为"工作最优先"。

但是,如果你言行一致,自始至终都坚守自己的原则,绝不让步,宁折不弯,那么周围的人就会逐渐认同你的原则。这样一来,你做事自然而然地就会水到渠成、一帆风顺。能当领导的人,大多具有这样的特质。你能够简单地想象出他的行动,

"要是他的话大抵会这么做",因为他的**行动具有一贯性**。

他们不会被其他人的意见所左右,他们贯彻自己的做事方法。这样的人可以说是"一根筋"。我这里说的"一根筋"是正面意思,指那种有原则的人。

为了这重要的一瞬间,下定决心,哪怕牺牲一切也在所不惜!

假如你表明了坚定的决心,那么周围的人自然地就聚拢到你身边。

我认为,一定要坚守对自己最重要的原则,绝不让步,宁折不弯,并贯彻到底。

其实有时候能够打动人心,靠的就是这一点。

> 你有那种为了重要的一瞬间,牺牲一切的决心吗?

45 先吃喜欢的食物

法则

"打工脑"把爱吃的留在最后
"投资脑"先吃最喜欢的食物

假设在你面前,有一道摆盘精致、菜品丰富的料理。
你会先吃最喜欢的食物吗?
还是把喜欢的留在最后吃呢?

投资家大多先从最喜欢的开始食用。
而把喜欢的食物留在最后吃的人,多是经营者。
我也是先挑自己喜欢吃的那种人(笑)。

投资家大多最重视结论，而经营者多重视顺序，他们想按部就班地慢慢地享用……

投资家为什么会从喜欢的食物开始吃呢？

那是因为把好吃的留着，或许后面肚子饱了就吃不下了；又或许，突然被人叫走离席，导致最喜欢的想吃也吃不上。

最喜欢的食物就在眼前，不清楚过后能否真正吃到嘴里，这其实隐藏着很大的"风险"。

我在这本书的前面也提到过，投资家首先要做的就是，**尽量排除不可预测的风险**。因此，眼前放着喜欢的食物，还伴随着吃不到的风险，那么不如在风险来临前尽快解决掉！投资家们的逻辑不过如此。

"投资脑"从结果逆向推算，考虑"现在应该干什么"。而"打工脑"立足于现在面向未来，尽可能地向前进。因此，对"打工脑"来说，结果不得而知，等待结果的过程也会忐忑不安。

如上所述，投资家并不是争取"利益最大化的专家"，而是**降低、排除风险的专家**。

假如你投资损失了 5000 日元，不要想着"努力翻身把损失挽回"，而是要快速止损退出，等待下次投资机会。这是由于，

为了挽回损失而花费时间反而是种浪费。浪费时间会导致失去那段时间内可能出现的机会。

在这个意义上,"投资脑"最重视"现在"这个时间。

再过一瞬间会发生什么,我们不可预知,就等于存在风险。

因此,投资家们想要彻底地排除风险。

> 不论何时,现在才是最好的时候。

46 异想天开的事更容易成功 法则

"打工脑"只会做现实的事

"投资脑"异想天开更成功

大家知道那些异想天开的事反而更容易成功吗?所谓异想天开的事,就是那些人们常常认为"不可能实现"的事情。

正因为少有人想去做,竞争对手少,所以那些"不可能实现"的事反而更容易实现。

我在美国创业之初,曾在报纸的分类广告栏(只有约三行文字)里刊登了一则小广告。

广告内容是:"我想开展这样的商业活动,有人愿意投资吗？"

顺便提一下，在我的广告下一栏所登的是"新生了三只小猫，有人要领养吗？"（笑）。

身边的人都对我说："你在干什么呀！""你也太异想天开了，登广告怎么可能筹集到资金！""你是傻瓜吗？"，等等。

但是，我真的靠这则广告成功地筹集到了创业启动金。

可以说，这正是一个成功实现异想天开之事的真实案例。正因为不大可能实现，少有想这么做的竞争对手，所以更容易成功。

说真的，我就是如此取得成功的，非常简单吧。

> 宏大的目标，反而少有竞争对手。

47 二把手法则

"打工脑"看公司的一把手
"投资脑"看公司的二把手

我判断一家公司的优劣,一般看这家公司的二把手是什么样的人。对,不看一把手,而是看二把手。

二把手也很有能力的公司,大多很有发展前景。

而调查那些效益不好的公司时,我们就会发现,业绩不佳的原因也多出在二把手身上。

也就是说,一家企业的成败取决于二把手。

所谓二把手,就是在整个公司经营中起主要支撑作用的"大力王"。他要支持公司里的最高管理者,起到非常重要的作用。整个公司的责任人虽然是一把手,但权力却在二把手手里。

有些人虽然被称为二把手，但实质上却是公司的一把手，这种事情也很常见。

公司要想顺利运营，需要一把手和二把手互相协作、共同努力。但是，也常有一些二把手自己独立出去创建新公司，成为原来公司的商业对手，这样的例子也屡见不鲜。

如此说来，如果一家公司想经营良好、业绩长虹，最关键的就是知人善用，用好二把手。

最好的方法是让二把手坐在一把手的位置上，而实际上还让他做二把手的工作。

在日本历史上，平安时代施行过的院政，即天皇退位后以上皇的身份继续执政，就类似这种做法。

用现在日本公司的组织结构举例来说的话，就是一把手退居会长（类似中国公司的董事长）之位，表面上让后任二把手上位，即坐上一把手的宝座，但实际上权力仍由会长掌握。

> 公司运营状况的好坏，要看二把手是否有实力！

48 配角法则

"打工脑"以主角为目标

"投资脑"确保配角地位

许多人都以成为业界首席为目标在努力。其实真正能站到业界顶点的,也就是屈指可数的几个人。可是,当你真正成为业界首席之后,你会受到各方关注,给你使绊子、拖后腿的敌人也会增多。

在不同的电影中,主角总会换来换去,可配角就算一样也无所谓,所以他们一直有机会参加各种演出。在电视行业中也是如此,那些曝光率少的人反而一直有机会出镜,他们的艺术生命好像更长久。

那都是因为做主角太出风头。你过于突出,就容易被打击。

也就是说，出风头＝风险。

配角并不像主角那么引人注目，跟主角相比，被人拖后腿、使绊子的风险就降低不少。

在职场中也是一样，你不需要当第一名，只要好好稳住第七名或者第八名的位置，反而能平稳、长久地生存于职场中。

实际上，我回到日本后发现，能够基业长青的公司，往往不是这个领域的佼佼者，反而排名第七、第八的公司经营得更为长久。

在日本，太引人注目在某种程度上来说就是一种风险。

真正的富豪，从来不抛头露面。

> 甘当配角，一直活跃下去！

49 人往高处走 法则

"打工脑"安居一地不想动
"投资脑"主动移居找机会

许多日本人一般不会考虑移居到海外,除非有旅行、留学、跳槽等需要。

假如你一直抱怨"日本的经济不景气",那还不如移居到经济景气的国家去。至少我是这样想的。不要被动等待现在所处的环境发生改变,而要主动移居到条件更好的地方去。

投资家会根据自身所处的环境和状况,找机会移居到更适合的地方。

因为如果只定居在一地,选择会越来越少。

近来网络和Skype等通信手段相当发达,不管你身居世界上哪个国家,都能自由地跟外界取得联络。因此移居到外国也是一个不错的选择。无论移居何地,使用你的"卫星办公室"处理工作就好了。

也许你有一个固化观念,认为"上班就得每天去办公室"。但是,究竟为什么每天非要挤电车去上班呢?

比如说在郊区开设总公司,而只让部分员工常驻市中心的分公司,处理和交流工作依靠网络联络。这种营业形式也未尝不可。

现如今,日本有的信用卡公司,将数据中心迁移至中国大连,这样可以节省大量人工成本。

在海外,还出现了一些新形态的经营方式。比如,将总公司设在咖啡店或餐厅里,前面的店铺营业做餐饮,后面是公司的办公室。

之所以这样设计,是因为办公室房租费用太高,大大增加了运营成本。仅房租一项,就占固定支出的一半还多。而这种新形态的经营方式,正好可以通过经营咖啡店或餐厅的收益来支付房租。即使不是很赚钱,但只要能抵上房租就行。

这样一来,公司不但不用担心房租,跟客户见面商谈也可以直接选用自己的咖啡店或餐厅,为店铺的营业额也多少做点贡献,正可谓一举多得。

这才是"投资脑"的思考方式。

如果你哀叹日本的税金高，那就主动搬到税金低的地方去。

如果你哀叹日本银行的利息低，那就搬到银行利息高的国家去。

虽说下面的方法有点极端，但确实可以尝试。

在容易创业的国家创业，

在经济景气的国家经营事业，

在政治安定的国家保全资产，

在运营收益高的国家投资，

最后，选择定居在所得税征收较低的国家。

虽然日本适合居住，但是税金和物价都很高。并且，在日本国内赚到的钱，很难汇到国外去。不但如此，在人生最后阶段，还有可怕的遗产继承税等着你。

我们需要认清现实：日本现在施行的税收制度，今后还会不断地变得更为严苛。

在日本，如果你定居就需要缴纳居民税；如果花钱就要缴纳消费税；如果购买住宅和汽车，每年就要去缴纳固定资产税和汽车税；就是死后，你的继承人也必须支付遗产继承税。

换言之，日本是一个不论你做任何事都需要交税的国家。虽说其他很多国家的税收政策也都半斤八两，但我认为，日本尤为过分。

这样想来，我有一个真实可操作的方法。比如，在法人税便宜的国家开公司，在税金较低的国家居住，在没有遗产继承税的国家购买固定资产。

不管怎么说，现今这个时代，人们必须考虑搬到更宜居的国家。

可能正是如此，犹太人很长时间都没有自己的国家，但他们秉承着"随遇而安无不可，人间处处是故乡"的理念，四海为家，最有效地利用了地球这个大家园。

> 更机动灵活地安居在地球这个大家园中吧！

50 一万日元的价值
法则

"打工脑"认为税金无法避免
"投资脑"早将税金纳入成本

日本这个国家是世界上税金最高的国家之一。

我有时甚至觉得,日本的税收政策是专门为折磨日本人而设计的。

税金对企业来说,就是没有生产性的成本。

同样,对投资家来说,税金也是无法避免的成本。

因此,为了尽量降低成本,投资家会彻底研究税收体系。

逃税确实犯法，可节税却是必要的。

在反复实践的过程中，我提出了"一万日元的价值"法则。

假设在某地有两个人，小 A 年收入 300 万日元，而小 B 年收入 5000 万日元。

两个人都各自吃了价值 1 万日元的牛排。

那么，在这里需要大家回答如下问题：

小 A 和小 B，谁比较划算？

大家一般会认为收入高的小 B 更划算吧，其实并不然。年收入 300 万日元的小 A 为了吃 1 万日元的牛排，加上所得税支出，实际上他必须赚 1.1 万日元。而年收入 5000 万日元的小 B 同样吃 1 万日元的牛排，加上高额所得税，他必须赚 2 万日元才能吃上这顿牛排。

因为年收入 5000 万日元的小 B，需缴纳的所得税大约是其收入的 50%，也就是说他收入的一半左右都要交税。

这样推算下来，同样吃价值 1 万日元的牛排，小 A 只要赚 1.1 万日元就能吃上。

也就是说，实际上小 A 更划算一些。

因此，如果一个有钱人请你吃饭花费了 1 万日元，请你心里有数，对方实际支出了 2 万日元。

简简单单的一块牛排背后，都附加了税金这样的"成本"。

> 只赚 1 万日元可吃不起 1 万日元的牛排。

51 角色扮演游戏法则

"打工脑"掌握攻击能力

"投资脑"掌握防守能力

在角色扮演游戏中,你喜欢扮演哪个角色呢?

我也曾玩过一次。那个游戏的主人公一开始既没有像样的武器,也没什么防护装备,甚至连像样的同伴都没有。

玩这种游戏,按道理应该最先打倒身边弱一些的敌人,用拿到的金币奖励购买武器和防身装备,然后再寻找志同道合的同伴,慢慢地提升自己的能力,最后才能去挑战强劲的敌人。

假如在这个游戏里,你只有木棒和皮革护具防身,却一上来就长途跋涉去遥远的洞穴挑战大魔王会如何呢?

你瞬间就会丢掉小命吧?按常理来说也不应该一上来就去

攻击敌人，而是需要养精蓄锐，掌握防守能力，在做好万全的准备之后再去战斗。

不论你如何想方设法提高攻击能力，在强大的狮子突然跳出来时，作为普通人的你也难以抵挡。不如退一步，学会"如何抵御狮子攻击"之类的防守能力，这样才能大大提高自己的存活率。

这个道理在投资的世界里也适用。

用角色扮演游戏来比喻，在刚开始做投资时，你就是那个手拿棍棒、身穿皮革护具的弱小主人公。

你自己还是投资新手，就要鲁莽地闯入香港或者新加坡之类的金融中心吗？那里可是"大魔王的洞穴"。

不如自己退一步，先掌握防守能力，学习如何才能保护好自己。如果没有防御能力，人家一招就能消灭你。

不过不知为什么，我还是觉得许多人在投资方面总是摆出进攻的姿态，一个劲儿地想要提高自己的攻击能力（这里指那些复杂的技巧），其结果就好比游戏主人公自己主动去送人头一样。

首先，要掌握防守的方法，守住自己好不容易赚来的钱，而你自己的知识就是最强的防御工具。

> 与其学习攻击能力，不如先掌握防守能力。

52 敌对立场 法则

"打工脑"用人选"同一战壕的"
"投资脑"用人选"常唱反调的"

假如你想要创建一家安保公司,争取做到业内一流,你会怎么做呢?

如果是我,我会这样做,**首先雇用"前盗贼"**。

如果他们以前是盗贼,就应该熟知安保的弱点和最易侵入的地点。如果采用他们的防御建议,建成"前盗贼也无法侵入的安保系统",那么我的公司就能做到业界最强。

也就是说,雇用那些持有敌对立场的人和过去的当事人,就能够逐步改善公司的薄弱环节。

美国国防部的网页曾被一个10多岁的少年黑客入侵。据说后来这个少年被美国国防部挖走,成为国际部负责网络安保的员工。

我以前在处理不良资产的机构工作过,看到过太多日本企业的弱点。因此,我想逆向活用以前的工作经验,为日本的企业做点有意义的事情。

从对立观点看到弱点,并一个个攻克并消除之后,你就会成就最强的自己。

假如我能事事如愿,我希望日本银行的总裁由美国联邦储备制度理事会的前议长阿兰·格林斯潘来当(笑)。如果他上任,一定能大刀阔斧地实行金融改革,进而改变日本经济。但是我不知道他的政策是否合理。不过不容置疑的是,他会给我们留下深刻的印象。

> 如果你以业界最强为目标,就雇用持有"敌对立场"的人!

53 背上的灰 法则

"打工脑"固执己见

"投资脑"听从意见

我上初中的时候,家附近寺庙里的和尚曾问过我这样一个问题:

你能看到自己后背蹭上的灰吗?

当时,我不懂这句话的真正含义。

那时候,我还很年轻不懂事,只要是听到别人提出不合心意的意见,就会发脾气,或者自己生闷气。渐渐地,周围的人都不给我提建议了，我的缺点他们也不再指出来。大概他们觉得"跟那个小心眼的家伙说了也没用，反而被怨恨，说了也白说，不如不说"。

不久，周围的人对我说的都是些让人心情愉悦的赞美之词。不知不觉中，我也越来越骄傲自满。

谦受益，满招损。

后来在某个时刻，我果然遭到了重大的失败。

那些赞美我的人怎样了呢？就跟海水退潮一样，他们从我的身边消失了。

但是，仍然有几个真正的朋友留在了我的身边，而他们都是在我志得意满时跟我唱过反调的伙伴。

对于他们提过的建议，我当时听都不想听，认为他们"一定在曲解我"，完全不放在心上。在遭遇失败时我才明白良药苦口、忠言逆耳的道理，真正的朋友才会真心为我着想，说出不合我心意、但是发自肺腑的话。

这个时候，我突然想起之前那个和尚说过的话，如醍醐灌顶，真正领悟到了其中的含义。

确实如此，我的后背在不知不觉之间，蹭上了很多灰尘，却没有人告诉我实情。不，也许是我一直捂着耳朵不想听到实情。

固执认为自己的投资策略就是最棒的人，不会听取他人的意见。但是时间一长，会怎样呢？逐渐地，信息不通畅会使人搞错投资方向，陷入泥沼，万劫不复。

> 对自己说逆耳之言的人，才是真正的好伙伴。

54 行动派法则

"打工脑"装成熟
"投资脑"保童真

如果你仔细观察成功人士，会发现他们有一个共同点。

那就是**纯真无邪**。

还有一个有趣的现象，集体行动时，成功人士大多会掉队并迷路。

这是因为他们都是行动派，一想起来就立刻去做。因此，一旦看到有趣的事物，他们就会全身心投入，这时候他们眼中就再也看不到周围的人了。

成功人士一点也不会考虑"现在我这样自由行动，会给别人添麻烦"。他们一定会优先选择做自己最喜欢的事。

可以说"投资脑"是完全"随心所欲，按生物本能生活"的人。

确实，我自己也经常被人说"就像二年级的小学生一样"（笑）。

人们常说"真正的大人应该如何如何"，而我认为真正的大人更要保持旺盛的好奇心。不知道的事情就直率地承认不知道，根本没必要还没有尝试就放弃或是妥协。

并且，要有"为了想做的事，可以抛弃一切"的决心。

不过，那些成功人士应该从来没有想过这些事，他们都是行动派，一旦有想做的事就立刻行动起来了。

在工作上，道理也一样。

普通人在做事时，都会向上司或负责的领导汇报，得到许可后才付诸行动。

而那些成功人士，大多先行动，事后再汇报，也就是"先上车，后补票"。

成功的人多是那种先付诸行动的人，他们最常做的就是一边工作一边思考着"如何辩解"（笑）。

因为，在等待上司许可的过程中，很多机会早就溜走了。

时间差也就是机会之差，这一点是非常关键的。

那些想着"总有一天我会做的"人，大抵不会真的实际去做。

越是聪明人，越容易思前想后，反而最后一事无成。

成功的人，不会跟任何人打报告等待许可，他们全都是"自己负全责"。

为了成功，先设定假说；为了证明假说，再去不断"实验"。只有反复"实验"才能成功。

因为全靠自己去证明，所以根本不需要他人的意见或者承诺。

有想做的事，就马上行动起来。

万一失败，再编点理由就好了。

大家不要一直空想："为了成功，怎样做才好呢？"

行动起来，反复实验，才能接近真相。

只有这样做，最后才能走向成功。

> 依靠本能行动起来！

55 镜子法则

"打工脑"自我满足

"投资脑"造福于人

最后,我想跟大家分享一个我喜欢的故事。

大家知道在日本神社里都有"镜子"这件事吗?

镜子的日语发音是"ka·ga·mi",这中间的"ga"是自我的"我"的意思。

那么,去掉"ga"会怎样呢?

就成了"ka·mi",神明的意思了。

是的,照镜子的**人去除自我,就成为"神"**了。

你在去神社时,会许下什么愿望呢?

在这里，我们不能只祈愿关于自己的事情。

应该为周围的人祈祷，为这个世界祈祷，为自己以外的人祈福。

"镜子"映照出的是我们自己。

而去掉那个自己（我），剩下的就是神明了。

最重要的是，不光为自己，我们还要思考能够为他人能做点什么。

当然，在为他人做点什么之前，首先要满足自我。

日本人好像觉得自我满足、使自己成为有钱人是一种罪过。但我认为这种负罪感完全没必要。

首先，满足自我。

其次，在满足自我的基础上，进而满足周围的人。

这难道不是最完美的吗？

这也是"投资脑"的重要思维。

> 去除自我，成为"神"！

后记

感谢大家读到最后!

感觉如何?

只要你了解到"还有这种思考方式",就已经很好了。

这种思考方式只要留在你头脑中的某一个角落里,借由某个契机突然想到"说起来还有这么一种……",并能够依照我所说的行动起来,我就会非常开心。

当今,世界形势和经济环境等都日新月异地发生着巨大的变化。

最近十年间,很多企业纷纷破产倒闭,也有很多新兴的企业或产业浮出水面。放眼看世界,出现了很多新技术和组织机构等。

就拿手机举例来说，在十年前人们根本就无法想象，手机竟然被开发出了这么多新的软件和便利的功能。可是，为了能够有效地使用手机上的新软件或新功能，就必须升级手机系统。不然，即使下载了软件，如果手机的系统老旧，也没法顺利启动，有时甚至会导致死机。

我想，将手机的例子换成我们人类，也是同样的道理。

世上不断产生新事物，而人的脑袋里如果还是陈旧腐朽的老思想，就一定会跟不上这个时代。

在世界上的各个领域里活跃着许多成功人士，他们的大脑使用的"系统"之一，就是我在书中说的这种"投资脑"的思考方式。

所谓"投资脑"的思考方式，不是一成不变的，而是在反复升级。成功者的思考方式代代相传，在传递的过程中，又加以修正和改良，吸收那些成功的经验，迎合时代并使之进化。

仅我所见，我觉得许多日本人的"系统"还是旧版没有改变。因此，即使优良的国际金融商品或投资、购买不动产等机会近在眼前，他们也看不见、抓不住机会，结果导致他们无法成功投资。

我希望读了这本书的读者朋友们，现在马上把自己的大脑置换成"投资脑"。这样一来,你能看见的、能得到的信息也会发生巨大的变化。

读了这本书,你不可能马上就成为有钱人。但是,你在学习这本书精髓的过程中,不知不觉间就有可能变得不缺钱。

而且,不仅仅你自己这一代富裕,你的孩子、孩子的孩子……将让你的资产代代相传。这正是有钱人的连锁反应,财富传世延绵。

至今为止大多数讲投资的书,就像"头痛药"一样,针对头痛的症状也许管用,却治标不治本,不能改变患者体弱这一本质。后期患者感冒或者胃痛的时候,又需要吃别的药。就算吃了多种药,患者的身体本身并没有变得更健康。

这本书,就像是"改善体质的良药",具有从根本改变体质的效果。或许没有立即起作用,但一旦开始起效,不但能治疗头痛,对感冒或胃痛也有疗效。

也就是说,你从根本上改变了体弱多病的体质,拥有了一个健康强壮的身体。

换成金钱来打比方,如果学会了"投资脑"的思考方式,你得到的将不仅仅是一笔钱,而是会变得一直都很有钱。

另外，我还要教给你一个让这种药效果倍增的方法。

那就是——

有钱人自己觉得好的东西，会积极地推荐给他人。

因此，请务必把这本书推荐给别人阅读（笑）。

金钱越用越少，而成为有钱人的这种思考能力，不管怎样使用都不会衰减。就像幸福一样，它有一个特别让人欣喜的作用，那就是，跟他人分享越多就会获得越多。

不要自己一个人偷偷藏起，要不断地去宣传扩散。

在这本书的出版发行中，我受到了多方关照，在此深表谢意！

当然，我最想感谢的是读者你。感谢你能读到最后，在此致以我诚挚的谢意，谢谢你！

相信各位一定会有好事发生！

期待着有一天你能向我汇报好消息。